Das Dogma vom Vorrang der Stammrechtsverfügung
im Personengesellschaftsrecht

Europäische Hochschulschriften
Publications Universitaires Européennes
European University Studies

Reihe II
Rechtswissenschaft

Série II Series II
Droit
Law

Bd./Vol. 2282

PETER LANG
Frankfurt am Main · Berlin · Bern · New York · Paris · Wien

Frank Sievert

Das Dogma vom Vorrang der Stammrechtsverfügung im Personengesellschaftsrecht

PETER LANG
Europäischer Verlag der Wissenschaften

Die Deutsche Bibliothek - CIP-Einheitsaufnahme

Sievert, Frank:

Das Dogma vom Vorrang der Stammrechtsverfügung im Personengesellschaftsrecht / Frank Sievert. - Frankfurt am Main ; Berlin ; Bern ; New York ; Paris ; Wien : Lang, 1998
(Europäische Hochschulschriften : Reihe 2, Rechtswissenschaft ; Bd. 2282)
Zugl.: Hamburg, Univ., Diss., 1997
ISBN 3-631-32490-1

D 18
ISSN 0531-7312
ISBN 3-631-32490-1

Printed in Germany 1 2 4 5 6 7

Vorwort

Die vorliegende Abhandlung hat der Fachbereich Rechtswissenschaft II der Universität Hamburg im Wintersemester 1996/97 als Dissertation angenommen. Rechtsprechung und Literatur konnten bis in den Oktober 1996 berücksichtigt werden.

Danken möchte ich an dieser Stelle ganz herzlich meinem Doktorvater, Herrn Prof. Dr. jur. Rainer Walz, für seine motivierende Unterstützung. Durch seine helfende, zugleich aber auch Freiraum gewährende Begleitung waren die Rahmenbedingungen für eine wissenschaftliche Arbeit gegeben.

Dank gebührt ebenso Frau Professorin Heide Pfarr und Herrn Professor Gerhard Struck. Während meiner rund dreijährigen Tätigkeit als wissenschaftlicher Mitarbeiter am Fachbereich war ich neben meinem Doktorvater auch jeweils einem von ihnen zur Mitarbeit zugeordnet. Ohne ihre weiträumige Zeitplanung hätte mir das Maß an Planungssicherheit gefehlt, dessen ich bedurfte, um die Dissertation erfolgreich abzuschließen.

Nicht unerwähnt bleiben darf Herr Prof. Dr. jur. Claus Ott, dem ich für die zügige Erstellung des Zweitgutachtens danke; Herrn Prof. Dr. jur. Hackenbroch von der FH-NW sei für die prompte Übersendung seines Festschriftenbeitrages und Herrn Prof. Dr. jur. Lwowski, Justitiar der Commerzbank, für den Einblick in die Bankrechtspraxis gedankt.

Ein besonderer Dank gilt meinen Eltern, die mich in vielfältiger Weise beim Fortgang der Arbeit unterstützt und kritisch begleitet haben.

Hamburg, den 22.08.1997

Ich widme diese Arbeit in Liebe und Dankbarkeit meinen Eltern
Liesel & Jürgen

Inhaltsverzeichnis

Abkürzungsverzeichnis

a.A.	anderer Ansicht
a. a. O.	am angegebenen Ort
Abs.	Absatz
AcP	Archiv für die civilistische Praxis
ADHGB	Allgemeines Deutsches Handelsgesetzbuch
AktG	Aktiengesetz
Altern.-Komm.	Alternativkommentar
AnfG	Gesetz betreffend die Anfechtung von Rechtshandlungen außerhalb des Konkursverfahrens
Anm.	Anmerkung
AT	Allgemeiner Teil
Aufl.	Auflage
BB	Der Betriebsberater
Bd.	Band
Begr.	Begründung
bes.	besonders
BGB	Bürgerliches Gesetzbuch
BGH	Bundesgerichtshof
BGHZ	Entscheidungen des Bundesgerichtshofes in Zivilsachen
Bsp.	Beispiel
BT	Bundestag
BVerfGE	Entscheidungen des Bundesverfassungsgerichts
bzw.	beziehungsweise
DB	Der Betrieb
ders.	derselbe
d.h.	das heißt
Diss.	Dissertation
DJZ	Deutsche Juristen Zeitung
DNotZ	Deutsche Notar Zeitschrift
EGBGB	Einführungsgesetz zum Bürgerlichen Gesetzbuch

Einf. v.	Einführung vor
erg.	ergänzt
erl.	erläutert
ersch.	erschienen
erw.	erweiterte
etc.	et cetera (und so weiter)
EWiR	Entscheidungen zum Wirtschaftsrecht
f. (ff.)	folgende
FS	Festschrift
Fußn.	Fußnote
GBO	Grundbuchordnung
GbR	Gesellschaft bürgerlichen Rechts
GesR	Gesellschaftsrecht
GG	Grundgesetz für die Bundesrepublik Deutschland
GmbH	Gesellschaft mit beschränkter Haftung
GmbHG	Gesetz betreffend die Gesellschaften mit beschränkter Haftung
GmbH-Rdsch.	Rundschau für GmbH, Monatsschrift für Wirtschafts-, Steuer- und Handelsrecht
Großkomm. HGB	Handelsgesetzbuch, Großkommentar
GRUR	Gewerblicher Rechtschutz und Urheberrecht
HGB	Handelsgesetzbuch
h.L.	herrschende Lehre
h.M.	herrschende Meinung
Hrsg.	Herausgeber
i.S.d.	im Sinne der/des
i.S.v.	im Sinne von
i.V.m.	In Verbindung mit
JA	Juristische Arbeitsblätter
JherJB	Jahrbücher für die Dogmatik des heutigen römischen und deutschen Privatrechts (später: Jherings Jahrbücher für die Dogmatik des bürgerlichen Rechts)
JR	Juristische Rundschau
JurBüro	Das juristische Büro
JuS	Juristische Schulung
JW	Juristische Wochenschrift
JZ	Juristenzeitung

KG	Kommanditgesellschaft
KO	Konkursordnung
KTS	Konkurs, Treuhand, Sanierung (früher: Zeitschrift für Konkurs-, Treuhand- und Schiedsgerichtswesen)
LG	Landgericht
Lit.	Literatur
LM	Nachschlagewerk des BGH in Zivilsachen, begründet von Lindenmaier und Möhring, neu herausgegeben von Nirk
MDR	Monatsschrift für Deutsches Recht
MünchKomm.	Münchener Kommentar
m.w.N.	mit weiteren Nachweisen
NJW	Neue juristische Wochenschrift
NJW-RR	NJW-Rechtsprechungsreport
NRW	Nordrhein-Westfalen
oHG	offene Handelsgesellschaft
OLG	Oberlandesgericht
phG	persönlich haftender Gesellschafter
Preuß.Priv.R.	Preußisches Privatrecht
Prot.	Protokolle
Rdn.(r.)	Randnummer(n)
Red.	Redakteur
RG	Reichsgericht
RGRK	Das Bürgerliche Gesetzbuch, Kommentar, herausgegeben von Mitgliedern des Bundesgerichtshofes
RGZ	Entscheidungen des Reichsgerichts in Zivilsachen
RPfleger	Rechtspfleger
Rspr.	Rechtsprechung
Rz.	Randziffer
SchR	Schuldrecht
SchR AT	Schuldrecht Allgemeiner Teil
Schuldverh. I	Schuldverhältnis I
sog.	sogenannte
U.d.T.	unter dem Titel
Urt.	Urteil
u.U.	unter Umständen
verb.	verbesserte

vgl.	vergleiche
Vorbem. zu	Vorbemerkung zu
WM	Wertpapier-Mitteilungen, Zeitschrift für Wirtschafts- und Bankrecht
WuB	Entscheidungssammlung zum Wirtschafts- und Bankrecht
z.B.	zum Beispiel
ZGR	Zeitschrift fur Unternehmens- und Gesellschaftsrecht
ZHR	Zeitschrift für das gesamte Handelsrecht und Wirtschaftsrecht
ZIP	Zeitschrift für Wirtschaftsrecht und Insolvenzpraxis
ZPO	Zivilprozeßordnung
z.T.	zum Teil

I. Einleitung

A. Relevanz und Ziele der Abhandlung

Zur Wahrnehmung gemeinschaftlicher Interessen auf allen Gebieten des sozialen und kulturellen Lebens bestehen Vereinigungen. Zahlreiche Vereinigungen dienen der Pflege von Kunst und Wissenschaft, andere der Förderung von Geselligkeit, Unterhaltung und Sport, zur Befriedigung politischer, karitativer und sozialer Bedürfnisse jeder Art. Der dem deutschen Recht schon im Mittelalter eigene Reichtum an Vereinigungen hat damit in der neueren Entwicklung noch erheblich zugenommen.

Ganz besonders gilt das für den Bereich der Wirtschaft. So sind in der Wirtschaft der Bundesrepublik Deutschland unzählige Mitglieder an zivil- und handelsrechtlichen Gemeinschaften beteiligt, vor allem als Gesellschafter von Handelsgesellschaften (oHG, KG etc.). Daher liegt es nahe, daß sich immer wieder die Frage stellt, mit welchen Rechtswirkungen Verfügungen über einzelne gesellschaftsrechtliche Vermögensansprüche oder sogar über den gesamten Gesellschaftsanteil getroffen werden können. Entsprechend dem Terminus "Verfügung" geht es um Rechtsgeschäfte, die auf den Bestand eines Rechts unmittelbar einwirken, sei es, daß ein Recht übertragen, inhaltlich geändert, belastet oder aufgehoben wird[1]. Bei den einzelnen Vermögensansprüchen und dem Gesellschaftsanteil insgesamt bildet die Übertragung auf einen Erwerber den Schwerpunkt. Ein solcher rechtsgeschäftlich bewirkter Übergang einzelner Vermögensansprüche oder des gesamten Gesellschaftsanteils wirft zahlreiche Fragen auf.

Die Abhandlung befaßt sich mit einer der umstrittensten Fragen, die sich an die Abtretung künftiger Vermögensansprüche im Gesellschaftsrecht knüpft und in jüngster Zeit mehrfach vom BGH[2] erörtert worden ist. Es geht darum, welches "Rangverhältnis"[3] zwischen der – grundsätzlich zulässigen[4] – Abtretung einzelner Vermögensansprüche aus dem Gesellschaftsanteil (auf Gewinn, Auseinandersetzungsguthaben, Abfin-

1 Vgl. RGZ 90, 395, 399; BGHZ 1, 294, 304; 75, 221, 226.

2 BGHZ 88, 205 ff. (GmbH, Übertragung des Gesellschaftsanteils); BGHZ 97, 392 ff. (BGB-Gesellschaft, Pfändung des Anteils); BGH, NJW-RR 1987, 989 (KG, Pfändung des Anteils); BGHZ 104, 351 ff. (GmbH, Pfändung des Gesellschaftsanteils).

3 Herrschende Sprachregelung. Münzberg, JZ 1989, 253 weist zu Recht darauf hin, daß streng genommen kein Rangproblem vorliegt. Ein solches entsteht nur bei konkurrierenden Pfändungen.

4 MünchKomm.-BGB-Ulmer, § 717 Rdn. 29 m.w.N.

dung) und der nachfolgenden Übertragung des gesamten Gesellschaftsanteils, d. h. des Inbegriffs aller mitgliedschaftlicher Rechte und Pflichten, besteht. Entsprechende Probleme tauchen auf, wenn ein Gläubiger des Zedenten den Anteil pfänden und zwangsversteigern bzw. freihändig verkaufen läßt[5,6].

Das Problem soll hier zunächst auf den anschaulicheren Grundfall zurückgeführt werden: Der Gesellschafter (G) überträgt den Auseinandersetzungsanspruch an einen Zessionar (Z), darauf den Gesellschaftsanteil an den Neugesellschafter (NG). Später wird die Gesellschaft aufgelöst. Wem steht der Auseinandersetzungsanspruch zu?

Z oder NG? Beiden, in näher zu bestimmender Höhe? NG, für den Fall, daß er nicht von der Abtretung der Vermögensansprüche an Z wußte?

Die Untersuchung konzentriert sich bei der Beantwortung dieser Fragen auf die Personengesellschaften (GbR, KG, oHG). Reine Innengesellschaften[7] bleiben außer Betracht. Grund dieser Selbstbeschränkung ist die fehlende rechtspraktische Bedeutung bei Aktiengesellschaften[8]. Zu-

---

5 Für eine gleichartige Behandlung von nachfolgender Anteilspfändung und späterer Anteilsübertragung BGH, ZIP 1988, 1546 (GmbH, Pfändung des Anteils). A. A. Hackenbroch, Diss., 149 (im ersten Absatz), 154 ff. (besonders 156), 172; ihm folgend Staudinger-Keßler, § 725 Rdn. 18.

6 Anders beim gem. § 1 Abs. 1 KO auf das gesamte Vermögen des Gesellschafters zielenden Konkursverfahren, das aufgrund der unterschiedlichen Ausgangslage Spezialuntersuchungen vorbehalten bleiben muß; vgl. zur Frage der Auflösung der Gesellschaft nach § 728 BGB bei wertlosem Gesellschaftsanteil des Gemeinschuldners Wernicke, WM 1981, 681/2.

7 Bei Innengesellschaften, wie der "stillen" Gesellschaft, gibt es kein Gesellschaftsvermögen i. S. d. §§ 718 ff. BGB und folglich auch keinen "Anteil am Gesellschaftsvermögen" i. S. d. §§ 719 Abs. 1, 725, 738 BGB, 859 Abs. 1 Satz 1 ZPO. Die dadurch entstehenden Analogieprobleme sollen den Blick auf das Wesentliche nicht verstellen.

8 Nach h. M., die in § 8 Abs. 3 AktG – der Vorschrift über die Unteilbarkeit der Aktien – ein Abtretungsverbot geregelt sieht, kann kein Aktionär die auf seiner Mitgliedschaft beruhenden Vermögensansprüche analog § 717 S. 2 BGB durch Abtretung von der Aktie trennen, vgl. statt vieler Godin-Wilhelmi, AktG, § 8 Anm. 7; a. A. RGZ 98, 318, 320. Selbst wenn man dem nicht folgt, würde der Erwerb von Aktien eine zeitlich vorhergehende Abtretung des Auseinandersetzungsanspruchs überspielen: Die Abtretung ist aus der Urkunde nicht ersichtlich. Aktien gelten im Liquidationsverfahren als Legitimationsurkunde über das Recht auf Auszahlung der

dem tritt die Problematik bei Personengesellschaften dank einiger zusätzlicher Aspekte deutlicher zutage als bei der GmbH. Bei Personengesellschaften kommen isolierte Abtretungen der Vermögensansprüche häufig vor. Relevant werden sie z. B., weil der Erwerber der Ansprüche den Anteil, an dessen Wert er interessiert ist, wegen fehlenden Einverständnisses[9] der übrigen Gesellschafter nicht erwerben kann oder weil er ihn wegen der mit der Mitgliedschaft verbundenen Pflichten nicht erwerben will. Sinn solcher Vorausabtretungen ist oft die Sicherung eines Kredits, den der Zessionar dem Gesellschafter einräumen soll oder schon eingeräumt hat[10].

Im Ergebnis wird in der neueren Rechtsprechung[11] und dem überwiegenden Teil der Literatur[12] stets zu Lasten des Zessionars entschieden: Überträgt der Zedent seinen Gesellschaftsanteil, so soll die vorherige Abtretung künftiger Vermögensansprüche ins Leere gehen[13]. Parallel sei der Fall nachfolgender Anteilspfändung zu entscheiden: Ziehen aufgrund der Pfändung die übrigen Gesellschafter den Anteil ein, so erwerbe der Zessionar zwar den dann entstehenden Abfindungs- bzw. Auseinandersetzungsanspruch, jedoch belastet mit dem Pfändungspfandrecht, das sich an dem Anspruch – als dem Surrogat des Anteils – fortsetze. Schlagwortartig bezeichnet man diese Betrachtungsweise als "Dogma vom Vorrang der Stammrechtsverfügung"[14].

Abwicklungsquote. Im Hinblick auf den Verkehrsschutz besteht ein sachenrechtlicher Schutz.

9 Da die Übertragung des Gesellschaftsanteils die personelle Zusammensetzung der Gesellschaft verändert und deshalb das Grundverhältnis tangiert, ist die Zustimmung aller Gesellschafter erforderlich, vgl. BGHZ 13, 179, 182 ff.

10 Vgl. z. B. den in BGHZ 88, 205 ff. entschiedenen Fall (GmbH, Übertragung des Anteils) sowie allgemein John, in: Hadding/U.H. Schneider, Gesellschaftsanteile als Kreditsicherheit, 83, 99; Riegger, BB 1972, 115.

11 BGHZ 88, 205 ff. – Zu den Besonderheiten bei erbrechtlichen Fallkonstellationen vgl. BGH, NJW-RR 1987, 989.

12 Armbrüster, NJW 1991, 606 f.; Hackenbroch, Diss., 149 ff.; Hennrichs, JZ 1993, 225 f.; Heymann-Emmerich § 135 Anm. 3 a; Larenz, SchuldR AT, § 34 III; MünchKomm.-BGB-Roth, § 398 Rdn. 60; MünchKomm.-BGB-Ulmer, § 717 Rdn. 29a; Müller, ZIP 1994, 342 ff., Wiedemann, Übertragung, 299 f. (insbesondere 301 f.).

13 BGHZ 88, 205, 207.

14 Auf Marotzke, ZIP 1988, 1509 zurückgehende Wendung.

Anlaß für eine kritische Überprüfung des "Dogmas vom Vorrang der Stammrechtsverfügung" besteht bereits wegen der Versuche, in Form des Rechts auf Gewinnausschüttung und Teilnahme daran, ein weiteres Stammrecht zu kreieren. Es soll derart durch eine Verfügung von der Mitgliedschaft getrennt werden können, daß diese Abspaltung anschließende Übertragungen des Anteils überdauere[15]: Das ist der Versuch, das "Dogma vom Vorrang der Stammrechtsverfügung gegenüber früheren Wertabspaltungen" durch eine "Verstammrechtlichung" auch der abzuspaltenen Werte zu unterlaufen. Ein Lehrsatz, der durch eine Vermehrung seiner eigenen Denkfiguren obsolet wird, sollte grundsätzlich in Frage gestellt werden[16].

Für den Bundesgerichtshof stellt sich zudem die Frage nach der Konsistenz seiner Rechtsprechung. Sie entsteht dadurch, daß seiner Auffassung nach erbrechtlich nur die abspaltbaren Vermögensansprüche in die Gesamthand der Miterbengemeinschaft fallen[17], nicht jedoch der Kern des Anteilsrechts, der kraft Sondererbfolge übergehe[18].

Diese als Abspaltungstheorie bezeichnete These des BGH müßte in Verbindung mit dem "Dogma vom Vorrang der Stammrechtsverfügung" dazu führen, daß der oder die Miterben die nach § 717 S. 2 BGB selbständig abtretbaren Vermögensansprüche bei einer Veräußerung des Gesellschaftsanteils verlieren. Diese Konsequenz zieht der BGH jedoch nicht. Die Abspaltung der künftigen Vermögensansprüche durch Sondererbfolge soll einer Vorausabtretung nicht gleichstehen, weil der Sondernachfolger diesen Anspruch wegen der im Zeitpunkt des Erbfalls eingetretenen Trennung nie erlangt habe, so daß derjenige, dem der Anteil später übertragen werde oder dem ein Pfandrecht daran zustehe, keine Rechte an jenem Anspruch erwerbe.

---

15 Vgl. MünchKomm.-BGB-Ulmer, § 705 Rdn. 83, § 717 Rdnr. 15, 29, 29a, 30, 32, 36, § 719 Rdnr. 5, 35 (überall mit Nachweisen auch zur Gegenansicht). Die Konstruktion solcher Stammrechte geht zurück auf Siebert, BB 1956, 1126, der damit allerdings ganz andere Zwecke verfolgte (Ermöglichung eines Nießbrauchs am "Gewinnstammrecht").

16 Im Ansatz ebenso Marotzke, ZIP 1988, 1509, 1515.

17 Dazu eingehend Raddatz, Diss., 125 f.; Siegmann, Diss., 196; Stodolkowitz, in: Kellermann-FS, 439; Ulmer/Schäfer, ZHR 160 (1996), 413 ff.

18 Vgl. u. a. BGHZ 22, 186, 192 f.; BGHZ 68, 225, 237; BGHZ 98, 48, 50 f. (IVa Senat = Erbrechtssenat).

Die entschiedenen Fälle betrafen bei nachträglicher Anteilsübertragung wie bei späteren Anteilspfändungen Ansprüche auf Gewinnausschüttung sowie solche auf Abfindung bzw. das Auseinandersetzungsguthaben. Eine Differenzierung nimmt der BGH insoweit nicht vor. Ziel der Abhandlung ist es, der im Recht der Personengesellschaften zutage tretenden unterschiedlichen Behandlung von Gewinnansprüchen und Ansprüchen auf das Abfindungs- bzw. Auseinandersetzungsguthaben im Streitfall Rechnung zu tragen. Ansatzpunkt ist der unterschiedlich starke Einfluß des Gesellschafters auf das Entstehen und die Höhe der einzelnen Vermögensansprüche.

B. Gang der Darstellung

Um die wirtschaftliche Relevanz dieser Untersuchung zu veranschaulichen, bedarf es zunächst einer kurzen Darstellung der vom BGH entschiedenen Fälle. Der infolgedessen sichtbar werdende rechtspolitische Interessenkonflikt hat seine Entsprechung in einem literarischen Streit um das "richtige" rechtskonstruktive Ergebnis gefunden. Bevor sich die Arbeit den dogmatischen Grundlagen dieser Diskussion zuwendet, sind deshalb gesondert die dogmatische Konstruktionstradition sowie der rechtspolitische Interessenstreit überblickartig darzustellen, so daß das Gesamtproblem sichtbar wird (unten II.).

Versucht man die Kategorien der Dogmatik auf die vom BGH zum Thema des Gesamtproblems vertretene These eines Vorranges der Verfügung über den Gesellschaftsanteil anzuwenden, so liegt die Rechtsfigur des Durchgangserwerbs nahe[19]. Denn wird der Zedent für eine "juristische Sekunde" Inhaber des Anspruchs, folgt hieraus, daß der Zessionar letzteren dann nicht erlangen kann, wenn die Entstehungsvoraussetzungen in der Person des Zedenten nicht (mehr) vorliegen. Auch der Sonderfall, daß der Anteil des Zedenten von den Gesellschaftern eingezogen wird und der Zedent den Anspruch daraufhin mit dem Pfändungspfandrecht belastet erwirbt, läßt sich mit der Figur des Durchgangserwerbs anschaulich begründen. Ihr Anwendungsbereich, die Vorausabtretung künftiger Forderungen, ist indes bei der isolierten Abtretung gesellschaftsrechtlicher Vermögensansprüche nicht zweifelsfrei. Vielmehr hängt es von der Einstufung der gesellschaftsrechtlichen Vermögensansprüche als künftige Rechte ab, der Beurteilung der Frage nach der Zulässigkeit von Vorausabtretungen und dem Verständnis der Konstruktion des Erwerbs künftiger Forderungen, ob man dem Weg des BGH jedenfalls insoweit folgt, als er die Abtretung gesellschaftsrechtlicher Vermögensansprüche isoliert, d. h. ohne Kollision mit nachfolgenden Verfügungen, betrifft.

Wegen der Bedeutung, die jenen dogmatischen Grundfragen beigemessen wird, werden die Ausführungen hierzu als eine Art "Allgemeiner Teil" vorgezogen (unten III.). Er legt den Grundstein für die Ausführungen zu den Fällen der rechtsgeschäftlichen Verfügung über den Anteil nach rechtsgeschäftlicher und gesetzlicher Vorabspaltung (dazu IV.). Je-

19 So bereits Armbrüster, NJW 1991, 606, 607; Müller, ZIP 1994, 342, 343; Hackenbroch, Diss., 111.

ne Konfliktlagen werden im Fortgang an eine Bestandsaufnahme der Tragweite und des Gerechtigkeitsgehalts des Prioritätsprinzips behandelt. Der BGH setzt sich mit seiner Rechtsprechung zum Vorrang der Anteilsverfügung zu diesem Prinzip, welches das einzige gesetzliche Bewertungskriterium für den Konflikt divergierender Verfügungen darstellt, in Widerspruch und muß sich folglich fragen lassen, inwieweit es hierfür eine gesetzliche Grundlage und überzeugende materielle Gesichtspunkte gibt. Hierbei werden von der Rspr. und der Lit. beiderseitig Defizite bei der Abwägung der Interessen von Gesellschaft, Neugesellschafter und Zessionar ausgemacht.

Die anhand der Untersuchung des vorgenannten Interessenkonflikts gewonnenen Ergebnisse werden im folgenden für den Fall der Vorabspaltung kraft Erbfalls auf ihre Gültigkeit überprüft. Überlegungen zu den Konsequenzen, die sich aus den Ergebnissen der nachfolgenden Anteilsübertragungen für die spätere Anteilspfändung ergeben, schließen das Kernstück der Arbeit ab.

Die Diskussion wird dadurch vertieft, daß das Ergebnis auf seine Vereinbarkeit mit den Regeln der Verwertung gepfändeter Anteile untersucht wird. Eine Zusammenfassung bildet das letzte Kapitel der Untersuchung (unten V.).

II. Rechtsprechung und Einwände in der Literatur im Überblick

A. Fälle

Entschieden hat der Bundesgerichtshof in erster Linie Fälle der Übertragung und Pfändung eines GmbH-Anteils nach Vorausabtretung des Anspruchs auf ein künftiges Abfindungs- bzw. Auseinandersetzungsguthaben. Die Übertragung jener Rechtsprechung auf die Personengesellschaften ist in einem neueren Votum jedoch bereits vorgezeichnet[1] und markiert gleichzeitig den Ausgangspunkt der einschlägigen literarischen Äußerungen[2]. Zur Veranschaulichung des nachfolgenden Überblicks sind deshalb die Leiturteile des Bundesgerichtshofes, auch soweit sie Kapitalgesellschaften betrafen, vorangestellt:

Fall 1 (Übertragung eines GmbH-Anteils bei im voraus abgetretener Auseinandersetzungsforderung; BGH, Urt. v. 19.9.1983 – II ZR 12/83 = BGHZ 88, 205 ff. = BB 1983, 2207 = WM 1983, 1235)

Die Kommanditgesellschaft M-KG (M) stand in Bankverbindung zur B-Bank (B). Sie hielt Geschäftsanteile der Reisebüro-GmbH (R) im Betrage von 78.000,-- DM. In etwa gleicher Höhe hatte ihr die B einen Überziehungskredit eingeräumt. Dieser Kredit sollte folgendermaßen gesichert werden: Die M trat ihre Forderung gegen die R auf Auszahlung eines Auseinandersetzungsguthabens gemäß des GmbH-Vertrages vorweg an die B ab. Sie versprach, nach Zustimmung ihrer Mitgesellschafter ihren GmbH-Anteil an die B zu verpfänden, den Anteil bis dahin im Innenverhältnis treuhänderisch für die B zu halten und die Rechte aus ihm nur in Abstimmung mit der B nach deren Anweisungen auszuüben.

Durch notariellen Vertrag vom 4.3.1981 veräußerte die M ihren Anteil an der R mit der schon am 4.8.1980 erteilten Zustimmung ihrer Mitgesellschafter an eine Kommanditistin, die X-KG (X).

Über die Vermögen der X und der M ist das Konkursverfahren eröffnet worden. Der Beklagte ist der Konkursverwalter K. Die B hat geltend

1 So heißt es in der den Fall eines Vermächtnisses der KG-Mitgliedschaft bei anderweitiger Vererbung des Anspruchs auf das Auseinandersetzungsguthaben betreffenden Entscheidung BGHZ 98, 48 = ZIP 1987, 1042, 1043 = JZ 1987 (mit Anm. Ulmer) folgendermaßen: "Eine ... Pfändung der Stammrechte ginge einer zuvor erfolgten Abtretung künftiger Ansprüche auf Gewinn und Abfindung *grundsätzlich* vor, so daß diese mit dem Pfändungspfandrecht belastet entstehen würden ...".

2 Marotzke, ZIP 1988, 1509 ff.; Müller, ZIP 1994, 342 ff.

gemacht, sie sei Gläubigerin des Auseinandersetzunganspruchs aus dem an die X abgetretenen Anteil geworden und geblieben. Sie begehrt von K gegenüber der R dahin einzuwilligen, daß die infolge eines Ausscheidens der X aus der R zu entrichtende Entschädigung an die B ausgezahlt wird. Hilfsweise macht B geltend, daß die X nicht Inhaberin des Geschäftsanteils von 78.000,-- DM geworden sei, Inhaberin dieses Anteils sei vielmehr die M.

Beide Vorinstanzen wiesen die Klage ab. Die Revision der B führte zur Aufhebung (aus nicht wiedergegebenen Gründen) und Zurückverweisung.

Fall 2 (Pfändung eines GmbH-Anteils nach vorheriger Abtretung des zukünftigen Abfindungsanspruchs; BGH, Urt. v. 16.5.1988 – II ZR 375/87 = BGHZ 104, 351 ff.= DB 1988, 2556 = WM 1988 = ZIP 1988, 1546)

Die Parteien A und B stritten darüber, wem das Abfindungsguthaben des Kaufmanns L zustand, nachdem dieser als Gesellschafter aus der R-GmbH ausgeschlossen und sein Geschäftsanteil eingezogen worden war. L hatte 1984 seinen Anspruch auf Auszahlung seines künftigen Abfindungsguthabens an die B für den Fall abgetreten, daß er aufgrund Veräußerung, Einziehung, Verpfändung oder sonstiger Maßnahmen aus der R-GmbH ausscheiden sollte.

1985 ließ A wegen einer Forderung in Höhe von 383.724,25 DM den Geschäftsanteil des L an der R-GmbH pfänden und sich zur Einziehung überweisen. Kurz darauf schlossen die übrigen Gesellschafter den L aus der R-GmbH aus und zogen seinen Geschäftsanteil ein. Die Abfindung in Höhe von ca. 990.000,-- DM wurde ab 31.3.1986 in 10 Vierteljahresraten ausgezahlt. Entsprechend einer Vereinbarung der Parteien sind die beiden ersten Raten je zur Hälfte an A und B ausgekehrt worden.

A ist der Ansicht, die Pfändung des Geschäftsanteils gehe der Abtretung des Abfindungsanspruchs im Rang vor. Sie nimmt B auf Erstattung der beiden an diesen ausgezahlten ersten Raten in Höhe von insgesamt 99.000,-- DM nebst Zinsen in Anspruch.

Das LG gab der Klage statt; das OLG wies sie ab. Die Revision führte zur Wiederherstellung des landgerichtlichen Urteils.

Fall 3 (Zulässigkeit der Testamentsvollstreckung hinsichtlich des Anspruchs auf das Auseinandersetzungsguthaben eines Kommanditisten trotz Anteilsübertragung durch den Kommanditisten an Dritte; BGH, Urt. v. 25.2.1985 – II ZR 130/84 = ZIP 1985, 678 = EWiR 1985, 309)

Der M war an der Lampen & Glasindustrie Sch. & Co. KG als Kommanditist mit einer eingezahlten Einlage von 300.000,-- DM beteiligt. Sein Sohn O war phG. Gesellschaftsvertraglich war bestimmt, daß die KG beim Tod eines Kommanditisten mit den Erben fortgesetzt wird. Kraft Testaments wurde der 1973 verstorbene M von seinen drei Kindern (B, G und O) zu gleichen Teilen beerbt.

In dem Testament hatte der M eine Treuhandgesellschaft (T) zur Testamentsvollstreckerin ernannt und hierzu bestimmt:

"§ 4

1) ... Ich bitte ... meine Kinder G und B mit ihrem Anteil an meinem Geschäftskapital als Kommanditisten in das Geschäft einzutreten.

2) Bei der Auseinandersetzung über mein Geschäftskapital und allen hiermit zusammenhängenden Fragen hat mein Testamentsvollstrecker maßgeblich mitzuwirken. Er ist berechtigt, die Rechte und Pflichten meiner Kinder G und B ... gegenüber der Firma und meinem Sohn wahrzunehmen.

§ 5

1) Ich ordne Testamentsvollstreckung an, die mindestens solange dauert, als Abkömmlinge von mir an dem Handelsgeschäft als Gesellschafter beteiligt sind.

2) ..."

Die B übertrug 1981 ihren ererbten Kommanditanteil auf den O, den phG der KG.

Mit der gegen die B erhobenen Klage hat die T u. a. beantragt festzustellen, daß die Ansprüche auf Gewinn und ein etwaiges Auseinandersetzungsguthaben aus der Kommanditbeteiligung unter die Testamentsvollstreckung fallen. Die B machte hiergegen geltend, daß der Anspruch auf das Auseinandersetzungsguthaben der Testamentsvollstreckung dadurch nachträglich entzogen worden sei, daß sie ihren Kommanditanteil auf den persönlich haftenden Gesellschafter O übertragen habe.

Das OLG hat auf die Berufung der B festgestellt, daß deren Anspruch auf ein etwaiges Auseinandersetzungsguthaben unter die Testamentsvollstreckung der T fällt. Die zugelassene Revision der B blieb ohne Erfolg.

B. Überblick über die Lösungsversuche zur Auflösung der Konkurrenz zwischen einer Vorausabtretung der gesellschaftsrechtlichen Vermögensansprüche und nachfolgenden Verfügungen über den Gesellschaftsanteil

I. Interessenlage

Von der Interessenlage her lassen sich vier Lösungen denken:

– Eine Abtretung der in § 717 S. 2 BGB genannten Vermögensansprüche erfolgt regelmäßig nicht grundlos.

Wenn sie der Sicherung oder Befriedigung weiterer Gläubiger dient, hat ihre Bevorrechtigung einen Sinn und eine Bevorzugung des später pfändenden oder erwerbenden Gläubigers ist nicht einzusehen. Der neue Gläubiger kann nicht mehr Rechte erworben haben, als sie sein Vorgänger hatte (Prioritätslösung).

– Der Gesellschafter muß, wenn ein ordentliches Kündigungsrecht auf lange Zeit nicht besteht, frei bleiben, den Gesellschaftsanteil zu veräußern. Die wirksame Vorausverfügung über einen Vermögensanspruch würde diese Freiheit unzulässig einschränken, weil der infolge der Vorausverfügung "entleerte" Anteil schwer zu veräußern ist.

– Es ist auf den guten Glauben des Neugesellschafters abzustellen. Bei Kenntnis oder grob fahrlässiger Unkenntnis der Vorausverfügung muß er die Abtretung gegen sich gelten lassen, anderenfalls jedoch nicht (Verkehrsschutzlösung).

– Die Teilung des Auseinandersetzungsguthabens zwischen dem Zessionar und dem Neugesellschafter. Der Zessionar erwirbt den Anspruch hinsichtlich des Teilbetrages, der dem Altgesellschafter zu zahlen gewesen wäre, wenn die Gesellschaft zur Zeit der Anteilsübertragung aufgelöst worden wäre; der Neugesellschafter wird Gläubiger des Teils, der nach seinem Eintritt in die Gesellschaft dazugewachsen ist. Dadurch wird der Zessionar an dem beteiligt, was sein Zedent erarbeitet hat; der Neugesellschafter erhält, was er selbst durch seine Zugehörigkeit zur Gesellschaft hinzuerworben hat (Teilungslösung).

Die Ansicht[3], die Anteilspfändung berühre die vorherige Abtretung einzelner Vermögensansprüche nicht, vertrat ursprünglich das RG. Zur Begründung führte es aus, daß die Anteilspfändung ebenso wie "die in § 135 HGB bezeichnete Pfändung des Auseinandersetzungsguthabens" dem Pfandgläubiger "nicht die Stellung eines Gesellschafters und folgeweise auch nicht die Pflichten eines solchen" übertrage. Sinn und Zweck sei allein, die Kündigung und die Auseinandersetzung herbeizuführen. Entscheidend war freilich die Vorstellung, bei den Ansprüchen auf Gewinn und Auseinandersetzungsguthaben handele es sich nicht um künftige, sondern um bestehende Forderungen, mit der Folge, daß ihre Abtretung sofort wirksam werde und vom späteren Übergang der Gesellschafterstellung nicht beeinträchtigt werden könne. Von diesem Standpunkt wich das RG kurze Zeit später ab[4], und auch der Bundesgerichtshof[5] teilt ihn in den oben referierten Entscheidungen nicht: die Ansprüche werden nun als künftige angesehen.

Nach Ansicht des Bundesgerichtshofes versagt das der Sache nach vom Reichsgericht verfolgte Prioritätsprinzip. Die Argumentation des BGH stützt sich auf folgende 4 Erwägungen: In einem ersten Schritt wird geltend gemacht, daß zwei verschiedene Rechte durch die nacheinander vorgenommenen Verfügungen betroffen seien[6] (1). Im Fall der nachfolgenden Anteilsübertragung erwerbe der Neugesellschafter den Anspruch, weil der Gesellschafter an den Zessionar nicht nur als Noch-nicht-Berechtigter abtrete, sondern zugleich als Nichtberechtiger, da die Vermögensansprüche demjenigen erwüchsen, der zum Zeitpunkt ihrer Entstehung noch Gesellschafter sei[7] (2). Gehe die Vorausabtretung der künftigen Ansprüche aber ins Leere, dann sei auch der Vorrang einer nachfolgenden Anteilspfändung und -verwertung sachgerecht[8] (3). Im Bereich des Erbrechts freilich, d. h. der Trennung der Vermögensansprüche von

3 RGZ 60, 126 (130).

4 RGZ 98, 318 (320): Dort wird der Gewinnanspruch des GmbH-Gesellschafters vor dem Gewinnverteilungsbeschluß ausdrücklich als "künftiges Gläubigerrecht" bezeichnet.

5 Insbesondere BGHZ 88, 207.

6 BGHZ 104, 354.

7 BGHZ 88, 207, 208.

8 BGHZ 104, 353.

der Mitgliedschaft infolge einer auf den Gesellschaftsanteil beschränkten Sondererbfolge, vertritt der BGH die schlichte Umkehrung dieser Argumentation[9]. Der Gesellschaftsanteil sei durch die Abspaltung der nach § 717 S. 2 BGB abtretbaren Vermögensansprüche "seines Vermögenswertes entkleidet" worden und könne deshalb nur noch als Rechtsposition ohne Vermögenswert auf eine andere Person übertragen werden (4).

Die Rechtsprechung war und ist keineswegs unumstritten: So wird geltend gemacht, die Erwägung zu (1) sei schon deshalb unrichtig, weil auch die zweite Verfügung über den Anteil den Anspruch erfasse. Wollte man formal darauf abstellen, daß der Verfügungsgegenstand von erster und zweiter Verfügung nicht identisch ist, so würde dem Anspruch für die zweite Verfügung eine Funktion zugewiesen, die ihm für die erste nicht zukommt[10].

Daß der Auseinandersetzungsanspruch bei Auflösung der Gesellschaft und der Gewinnanspruch bei vorliegendem Gewinnverteilungsbeschluß nur dem jeweiligen Gesellschafter erwachse – Gedanke zu (2) – sei noch unbewiesen. Insofern müsse der Begründungsweg erst einmal dogmatisch-konstruktiv mit der Figur des Durchgangserwerbs abgesichert werden[11].

In dem Punkt, der möglicherweise einen Vorrang der Anteilsübertragung gegenüber einer vorher erfolgten Abtretung der (künftigen) Vermögensansprüche begründen könnte, seien entgegen der Erwägung zu (3) Anteilsübertragung und Anteilspfändung nicht vergleichbar[12]. Die Richtigkeit der erbrechtlichen Argumentation des Bundesgerichtshofes – Lösung zu (4) – wird von der Literatur[13] ebenfalls verneint. Aus der Sicht des Anteilserwerbers könne es nicht auf die Gründe ankommen, aus denen der mit dem Anteil verbundene Anspruch nicht dem Anteilsinhaber, sondern einem anderen zusteht. Vielmehr sei die Rechtsprechung inkonsistent.

Gegenstand der folgenden Erörterungen wird demnach die Frage sein, ob und gegebenenfalls in welchem Maße die Zessionare davor geschützt sind, daß die an sie im voraus abgetretenen Werte dem Zugriff anderer

9 BGH, ZIP 1985, 680.
10 Marotzke, ZIP 1988, 1512.
11 Hackenbroch, Diss., 149.
12 Marotzke, ZIP 1988, 1513 m. w. N.
13 Müller, ZIP 1994, 344 m. w. N.

Gläubiger des Zedenten (Gesellschafters) zum Opfer fallen. Derartige Zugriffsversuche sind nach dem Gesagten in Gestalt von freiwilligen Verfügungen des Zedenten über das Stammrecht (z. B. Abtretungen, Verpfändungen) möglich. Auch an anschließende Pfändungen ist zu denken.

III. Dogmatische Grundlagen

A. Problemstellung

Das Bürgerliche Gesetzbuch kennt für den Rechtsbereich der Vorausverfügung von Teilrechten im Verhältnis zur späteren Verfügung über das dazugehörige Vollrecht zwei Lösungen: den Sukzessionsschutz des Unterberechtigten gegen vertragswidrige Verfügungen des Oberberechtigten bei Teilabtretung dinglicher Rechte einerseits und die Verweigerung von Sukzessionsschutz bei Obligationen andererseits. Die unterschiedlichen Rechtsfolgen zeigen sich sodann bei der Konkurrenz von Durchgangs- und Direkterwerb.

Beim Durchgangserwerb verliert der Ersterwerber sein Recht, denn wird der Veräußerer für eine "juristische Sekunde" Inhaber des Anspruchs, folgt hieraus, daß der Ersterwerber diesen dann nicht erlangen kann, wenn die Entstehungsvoraussetzungen für den Anspruch in der Person des Veräußerers nicht mehr vorliegen (kein Sukzessionsschutz). Hingegen ist beim Direkterwerb ein nachträglicher Vollerwerb des Zweiterwerbers grundsätzlich unmöglich (Sukzessionsschutz), es sei denn, das Gesetz gestattet einen gutgläubigen Erwerb.

Versucht man die Kategorien dieser Dogmatik auf die vom BGH vertretene These vom Vorrang der Anteilsverfügung anzuwenden, so liegt die Rechtsfigur des Durchgangserwerbs nahe. Im folgenden Kapitel wird deshalb der Frage nachgegangen, ob die Abtretung gesellschaftsrechtlicher Vermögensansprüche mit dem Konstrukt des Durchgangserwerbs zu erfassen ist.

Diese Frage bedingt ihrerseits gewisse Vorfragen: Zu prüfen ist zunächst, ob die Vermögensansprüche, deren Rechtsgrundlage das Mitgliedschaftsrecht an der Personengesellschaft ist, überhaupt abtretbar sind. Von diesem Problem zu trennen ist demgegenüber, daß einzelne Rechte aus der Mitgliedschaft – im Gegensatz zur Mitgliedschaft als solcher – nach § 717 BGB nur beschränkt übertragbar sind. Von den mitgliedschaftlichen Vermögensrechten sind allein diejenigen nicht abtretbar, die den Gesellschaftern zur gesamten Hand zustehen. Hierzu gehören jedoch nicht die Auseinandersetzungs- und Abfindungsansprüche sowie der Gewinnanspruch. Wie überwiegend angenommen, entstehen die letztgenannten Ansprüche jedoch erst mit Beschlußfassung über die Gewinnfeststellung oder bei Beginn der Auseinandersetzung oder mit Ausscheiden des Gesellschafters. Die Abtretung betrifft daher typischerweise künftige Ansprüche (dazu unten B.). Die Abtretbarkeit künftiger gesellschaftsrechtlicher Forderungen steht aber trotz der positiven Bestimmung des § 717 S. 2 BGB in Zweifel (unten C.).

B. Entstehen gesellschaftsrechtlicher Einzelansprüche

Stellt man die Ausführungen des Bundesgerichtshofs zum Gegenstand der vorliegenden Untersuchung denen des Reichsgerichts gegenüber, so springt zunächst die unterschiedliche Qualifizierung der Ansprüche auf Gewinn und Abfindung/Auseinandersetzungsguthaben ins Auge. Während das Reichsgericht noch der Überzeugung war, es handele sich bei den zeitlich vor der Verfügung über den Anteil abgetretenen Ansprüchen um bestehende Forderungen, bezeichnet der Bundesgerichtshof diese nunmehr als künftige Ansprüche. Bezieht man in die Betrachtung der divergierenden Judikate mit ein, daß das RG anfangs der Abtretung der Vermögensansprüche gegenüber späteren Verfügungen über den Anteil den Vorrang einräumte, während der BGH nun das Gegenteil für richtig hält, so liegt der Schluß nahe, daß diese Gegensätzlichkeit zumindest auch auf der unterschiedlichen Qualifizierung der abgetretenen Vermögensansprüche beruht[1].

Die Antwort auf die Frage nach der Qualifizierung der gesellschaftsrechtlichen Vermögensansprüche ergibt sich nicht schon aus § 717 BGB[2]. Die aus § 717 S. 2 BGB folgende Übertragbarkeit und Pfändbarkeit der Vermögensansprüche auf Gewinn, Abfindung und Auseinandersetzungsguthaben läßt keine verbindliche Entscheidung über die divergierenden Standpunkte zur Entstehung der Ansprüche zu. Selbst künftige Ansprüche sind nach h. M. übertragbar, sofern der Gegenstand der künftigen Forderung bestimmbar ist. Das steht aber für die in § 717 S. 2 BGB genannten Ansprüche außer Zweifel, da Rechtsgrund und Schuldner mit Vertragsschluß feststehen. Demnach kann die Qualifizierung der gesellschaftsrechtlichen Vermögensansprüche im Sinne des § 717 S. 2 BGB nur auf der Grundlage einer eindeutigen Begriffsbestimmung der "Zukünftigkeit" von Forderungen erfolgen.

1 Ganz deutlich wird das im vorletzten Absatz der in ZIP 1988, 1546 ff. abgedruckten jüngsten einschlägigen Entscheidung des BGH (die GmbH betreffend): "Etwas anderes würde allerdings gelten, wenn in Verkennung der wahren Rechtslage die Pfändung in den Gesellschaftsanteil in einem Zeitpunkt erfolgte, in dem der Anspruch auf Abfindung bereits entstanden ist ..."

2 So bereits Heckelmann, Abfindungsklauseln, 25.

1. Zukünftige Forderungen, eine Begriffsbestimmung

Für eine Bestimmung des Begriffs "zukünftige Forderungen" gibt das Bürgerliche Gesetzbuch nichts her. In einigen wenigen Vorschriften[3] wird der Terminus "künftiges Recht" bzw. "künftige Forderung" zwar erwähnt, erklärt wird er nicht; vielmehr wird der Begriffsinhalt als bekannt vorausgesetzt. Weil der natürliche Gegensatz zum künftigen Recht das gegenwärtige Recht ist, kann nur eine Gegenüberstellung der Begriffe die erforderliche Bestimmung ermöglichen[4]. Ein gegenwärtiges Recht ist gegeben, wenn der gesamte Tatbestand vorliegt, an den die Rechtsordnung die Entstehung eines subjektiven Rechts knüpft[5].

Bezogen auf die hier interessierenden Forderungen bedeutet das, daß eine gegenwärtige Forderung dann vorliegt, wenn zwischen mindestens zwei Personen ein Schuldverhältnis besteht, aufgrund dessen der Berechtigte vom Verpflichteten eine Leistung beanspruchen kann[6]. Daraus folgt, daß lediglich eine künftige Forderung vorliegt, wenn von diesen für das Entstehen des Rechts erforderlichen Tatbestandsmerkmalen eines oder mehrere fehlen[7]. In der Praxis sind künftige Forderungen bspw. Ansprüche auf den saldenmäßigen Überschuß nach Beendigung des Kontokorrentverhältnisses bei bestehenden Geschäftsverbindungen mit einem Dritten.

2. Ausgestaltungs- und Entstehungstatsachen

Welche Tatsachen im einzelnen unerläßlich für das Entstehen der Forderung sind, kann zweifelhaft sein. Dies zeigt die Konkretisierung einer Gattungsschuld i. S. v. §§ 243 Abs. 2, 279, 300 Abs. 2 BGB.

So läßt sich vertreten, daß die Konkretisierung aufgrund der Bedeutung für den Übergang der Leistungsgefahr eine neue Forderung zum Entstehen bringt. Demgegenüber kann man in ihr auch einen Umstand

---

3 Vgl. §§ 765 II, 883 I 2, 1113 II, 1204, 1209 BGB.

4 Enn.-Nipperdey, § 82 I und § 135; Berghaus, Diss., 42; Fischer, Diss., 17; Hahnzog, Diss., 5. Auch der Sprachgebrauch des Gesetzes, insbesondere die Gegenüberstellung der §§ 310 und 311 BGB, rechtfertigen diese Schlußfolgerung.

5 Lempenau, Diss., 12.

6 Hahnzog, Diss., 5; Palandt-Heinrichs v. § 241 Rdn. 1; Philipp, Diss., 5.

7 Berghaus, Diss., 42.

sehen, der nur die inhaltliche Unbestimmtheit des Gläubigerrechts behebt. Die Frage ist im hier interessierenden Rahmen vor allem, ob man alle im Gesetz aufgeführten Tatsachen, die für eine Forderung von Bedeutung sind, als Entstehungstatsachen ansehen kann.

Gedanklich bietet es sich an, zwischen Tatsachen, die nur für die inhaltliche Ausgestaltung einer Forderung und solchen, die für die Entstehung entscheidend sind, zu unterscheiden[8]. Zur Kennzeichnung läßt sich das Gegensatzpaar der Ausgestaltungs- und Entstehungstatsachen gebrauchen. Daß die Tatbestandselemente in der Regel beide Funktionen ausüben, ist unmittelbar einsichtig. Deshalb läuft die schwierige Einordnung von Tatbestandsmerkmalen als Entstehungstatsachen auf die Frage hinaus, wodurch eine Forderung überhaupt zu einer eigenen Erscheinung wird und durch welche Ereignisse sie ihre Individualität verliert.

Nicht richtig wäre es, als Individualisierungsmoment einer Forderung ihren konkreten Tatbestand mit allen Einzelheiten und Besonderheiten gelten zu lassen. Dies hätte zur Folge, daß jeder Tatbestandszusatz, der eine wie immer geartete Veränderung in den Rechtsfolgen herbeiführt, die Forderung zu einer anderen machen, eine neue Forderung entstehen lassen würde. Infolge jeder Stundung ginge beispielsweise die alte Forderung unter und eine neue entstünde an ihrer Stelle. Die praktischen Konsequenzen in Hinblick auf besondere Sicherungsrechte für die alte Forderung wären verheerend[9].

Ausgehend von dieser Schlußfolgerung muß es eine Anzahl von Tatbestandsmerkmalen geben, die allein für die inhaltliche Ausgestaltung eines Rechts, nicht aber für seine Entstehung Bedeutung haben. Dabei ist es gleichgültig, ob die Ausgestaltungstatsachen bloß eine inhaltliche Unbestimmtheit eines bestehenden Rechts beheben, ein Recht in seinem schon bestehenden Inhalt verändern oder welchen Einfluß sie sonst auf den Inhalt des Rechts ausüben, solange sich die Modifikationen nur innerhalb des Rahmens bewegen, der vom Typ des Rechts her gezogen wird. Zur Veranschaulichung mögen die Wahlschuld sowie der Spezifikationskauf nach § 375 HGB dienen.

---

8 So insbesondere Würdinger, Anwartschaft, 24, dessen ganze Arbeit auf dieser Unterscheidung aufbaut. Vgl. zu solcher Unterscheidung auch Oertmann, Rechtsbedingung, 61 f. und Regelsberger, Pandekten, Bd. I, § 118 III 2.

9 Lieb, Diss., 38.

Man wird nicht behaupten können, daß vor Wahl und Spezifikation ein Recht des Gläubigers noch nicht besteht. Demnach wird durch diese Ereignisse lediglich die inhaltliche Unbestimmtheit des bestehenden Rechts aufgehoben. Die hierdurch bedingte Veränderung der Rechtsstellung des Gläubigers bewegt sich noch im Typusrahmen des Rechts: allein die Rechtsfolgen von Unvermögen und Unmöglichkeit sind nachher andere als zuvor. Wo die Grenzen des Typusrahmens zu ziehen sind, kann nicht einheitlich beantwortet werden, sondern muß nach Fallgruppen einzelner Rechte besonders untersucht werden.

Die Einordnung von Forderungen aus Dauerschuldverhältnissen, wie dem Gesellschaftsverhältnis, in die Kategorien "gegenwärtig" und "zukünftig" bereitet hierbei am meisten Mühe[10]. Klärungsbedürftig ist zunächst, was unter "Forderungen aus Dauerschuldverhältnissen" zu verstehen ist.

a. Begriffsbestimmung des "Dauerschuldverhältnisses"

Allein das Gesetz zur Regelung des Rechts der Allgemeinen Geschäftsbedingungen verwendet in §§ 10 Nr. 3; 11 Nr. 1 und 12 den Begriff "Dauerschuldverhältnis". In das BGB hat der Ausdruck keinen Eingang gefunden, obwohl er als dogmatische Kategorie in der Lehre bereits vor Erlaß des BGB durch von Gierke[11] verwandt wurde. Von Gierke zufolge zeichnet sich ein Dauerschuldverhältnis dadurch aus, daß die geschuldete Leistung in einem dauernden Verhalten oder in wiederkehrenden, sich über einen längeren Zeitraum erstreckenden Einzelleistungen besteht[12].

10 Für die Annahme eines künftigen Rechts Hahnzog, Diss., 11; zustimmend Larenz, AT, § 34 III, 585; mit anderer Begründung Blomeyer, Studien zur Bedingungslehre, Teil I, 1938, 114; a. A. Lempenau, Diss., 16 ff.; Serick, Bd. IV, § 47 I 2c, 262 f.; vgl. ferner Lieb, Diss., 51 ff.; für betagte Forderungen auch Ullrich/Irmen, WuB VI. B § 21 KO 1.89, 522; Vortmann, WM 1988, 1117; Uhlenbruck/Sinz, WM 1989, 1113, 1118.

11 von Gierke, IherJb. 64, 355.

12 von Gierke a. a. O.; ihm folgend Larenz, SchR AT, § 2 VI.

b. Problematik der Einordnung von Forderungen aus Dauerschuldverhältnissen

Im Rahmen der Vorausabtretungen sind diejenigen Dauerschuldverhältnisse von Interesse, bei denen die geschuldete Leistung aus wiederkehrenden Einzelleistungen besteht. Hierzu gehören neben dem für die Abhandlung bedeutsamen Gesellschaftsvertrag u. a. Miete, Pacht und Dienstvertrag. In solchen Fällen ist eine einwandfreie Trennung in gegenwärtiges und künftiges Recht besonders schwierig, weil eine Berechtigung bestimmter Art in der Gegenwart schon gegeben ist und die möglicherweise in der Zukunft (noch) entstehenden Rechte als Ausfluß dieser Berechtigung erscheinen. Es muß noch schärfer als sonst darauf geachtet werden, welche Tatsachen ein Recht zur Entstehung bringen und welche es bloß inhaltlich ausgestalten. Der Tatbestand liegt bis auf den Zeitablauf in vollem Umfang vor. Entweder nimmt man an, daß die Forderungen mit Vertragsschluß für die ganze Vertragsdauer entstehen: dann entstünden die Forderungen bei unbefristeten Verträgen für unbestimmte Zeit oder bis zur nächsten ordentlichen Kündigung. Zwar könnten sie aufgrund bestimmter Hindernisse erst in Zukunft geltend gemacht werden, vom Eintritt des Termins würde aber lediglich der besondere Inhalt des Rechts abhängen. Etwas anderes ergibt sich dann, wenn man die Ansicht teilt, bei einer von vornherein bestehenden Ungewißheit könne nicht von einer bestehenden Forderung gesprochen werden und deshalb den Zeitablauf als zusätzliches Entstehungsmerkmal betrachtet. Da die letztgenannte Ansicht darauf hinausläuft, den Zeitablauf immer als Entstehungsmerkmal für das obligatorische Recht anzusehen, fragt es sich, ob für ihre These aus dem Gesetzestext und den Materialien die notwendige Klarheit gewonnen werden kann.

c. Qualifizierung des Tatbestandsmerkmals "Zeitablauf"

Das Bürgerliche Gesetzbuch geht in § 163 davon aus, daß bei aufschiebender Befristung das Recht vor Eintritt des Anfangstermins noch nicht besteht, denn § 163 BGB verweist auf die Vorschriften über die Bedingung und führt so zu einer Entsprechung von Anfangstermin und aufschiebender Bedingung. Die Vereinbarung einer aufschiebenden Bedingung bewirkt nach § 158 I BGB, daß erst bei Eintritt des Ereignisses die Rechtswirkungen des bedingten Rechtsgeschäfts eintreten. Daß vor Zeitablauf bei einer aufschiebend befristeten Forderung nichts geschuldet wird, zeigt auch § 814 BGB, der bei vorzeitiger Leistung auf eine aufschiebend befristete Forderung die Rückforderung des Geleisteten nur bei Kenntnis des Leistenden ausschließt. Demgegenüber läßt das BGB aber nach § 271 Abs. 2 die vorzeitige Bezahlung einer betagten Schuld zu, und schließt die Rückforderung bei vorzeitiger Zahlung nach § 813 Abs. 2 aus[13], behandelt diese Schuld mithin wie eine bestehende Forderung.

Nach Ansicht der Verfasser des Gesetzes (1. Kommission) sollte der Ausdruck "betagt" sowohl für gegenwärtige, aber noch nicht geltend zu machende Rechte, als auch für künftige Rechte gelten. Sie waren der Auffassung, daß es allein auf den Willen der Beteiligten ankomme, ob die "rechtliche Wirkung sofort entstehen und deren Geltendmachung bis zum Anfangstermin hinausgeschoben sein soll", oder ob die Wirkung "erst mit dem Eintritt des betreffenden Zeitpunktes oder Ereignisses zur Entstehung gelangen soll", wobei ein gleicher Zustand eintrete wie bei der Bedingung[14]. Die 2. Kommission wollte eine theoretische Unterscheidung der künftigen von den gegenwärtigen Forderungen durch Einstufung als Befristung und Betagung aus dem Gesetz heraushalten, zumal nur für Rechtsgeschäfte, die auf Hinausschiebung der Wirkung abzielten, eine "verfügende Anordnung" in § 163 BGB getroffen sei[15]. Weder Gesetzestext noch die Materialien sprechen somit eindeutig dafür, daß der Zeitablauf eine Entstehungstatsache der Forderungen ist.

Klarheit über die Einstufung des Zeitablaufs als Entstehungs- oder Ausgestaltungsmerkmal gewährt allein ein Blick auf die gegenwärtigen sowie die noch fehlenden Rechtswirkungen des unter Anfangstermin stehenden Forderungsrechts. Dieser rechtfertigt die dogmatische Unterscheidung in befristete und betagte Forderungen.

So fehlen bei der befristeten Forderung außer der Möglichkeit sofortiger Geltendmachung noch weitere Rechtswirkungen, die schon eingetreten sein müßten, wenn das Recht bestehen würde. Vor allem die Gewährung der condictio indebiti bei irrtümlicher vorzeitiger Leistung ent-

---

13 Über weitere bereits gegenwärtige Wirkungen, vgl. Enn.-Nipperdey, Bd. II, § 199 I, der vor allem auf die Vererblichkeit und Veräußerlichkeit hinweist und auch den Schadensersatzanspruch aus § 160 BGB erwähnt.

14 Motive I, 269.

15 Protokolle I, 186. Ob dabei auch die Vorschriften der §§ 271 Abs. 2 und 813 Abs. 2 BGB bedacht wurden, erscheint zweifelhaft.

gegen § 813 Abs. 2 BGB zeigt, daß vor Eintritt des Termins nichts geschuldet wurde, also auch eine Forderung nicht bestand. Desgleichen könnte bei Eintragung einer Hypothek für eine aufschiebend befristete Forderung vor Eintritt des Termins nicht erst eine vorläufige Eigentümergrundschuld entstehen, wenn das Recht bereits bestehen würde. Demgegenüber verblaßt, daß der durch das aufschiebend befristete obligatorische Recht Begünstigte auf Grund des im übrigen voll vorhandenen Entstehungstatbestandes eine völlig gesicherte Rechtsstellung innehat: daß er die Leistung nach Zeitablauf beanspruchen kann, ist sicher.

Anders ist es bei den betagten, weil noch nicht fälligen Forderungen. Sie unterscheiden sich von den unbetagten allein dadurch, daß sie zur Zeit noch nicht geltend gemacht werden können. So ist eben auch die zur Sicherung einer betagten Forderung ins Grundbuch eingetragene Hypothek eine Gläubigerhypothek. Demnach besteht die Forderung bereits gegenwärtig, nur hat sie eben den Inhalt, daß sie noch nicht geltend gemacht werden kann. Dieser Inhalt wird durch den Eintritt des Termins geändert. Die Terminbestimmung betrifft daher nur die inhaltliche Gestaltung des Rechts.

Zusammenfassend läßt sich sonach feststellen, daß es sich bei den noch nicht fälligen Forderungen um gegenwärtige Rechte handelt. Demgegenüber sind befristete Forderungen ebenso wie bedingte Ansprüche künftige Rechte.

d. Einordnung der Forderungen aus Dauerschuldverhältnissen

Die Antwort auf die Frage der Einordnung von Forderungen aus Dauerschuldverhältnissen, speziell Gesellschaftsverhältnissen, ist noch offen geblieben. Teilweise wird im Rahmen der Dauerschuldverhältnisse der Ablauf der Kündigungsfristen als Entstehungsvoraussetzung für die Geldforderung gewertet[16], teilweise werden diese Voraussetzungen aber auch den Fälligkeitsvoraussetzungen, d. h. den Ausgestaltungstatsachen, zugeordnet[17].

---

16 RGZ 142, 291 (295); Dietz-Wiedemann, JuS 1961, 116; Grünebaum, Recht 1909, 660 (661); Jaeger-Henckel, § 1 Rdn. 144; Kilger, § 1 Anm. 5 A; Kuhn-Uhlenbruck, § 1 Rdn. 98; Kohler, Diss., 21; Lieb, Diss., 51; von Ohmeyer, Diss., 97; Süß, Diss., 47; von Thur, DJZ 1904, 426 (428); Würdinger, Anwartschaft, 37.

17 Bergk, Diss., 91 ff.; Fischer, Diss., 23; Hofmann, Diss., 127; Lempenau, Diss., 16 f.; Riegel, Diss., 39.

Mit Abschluß des Dauerschuldverhältnisses liegt ein gültiger Vertrag vor, der nur durch Kündigung aufgehoben werden kann. Grundsätzlich bestehen daher keine Gesichtspunkte, die es angebracht erscheinen lassen würden, die Forderungen aus Dauerschuldverhältnissen nicht schon mit Abschluß des Stamm- bzw. Dauerrechtsverhältnisses als entstanden einzustufen. Die Argumentation[18], derzufolge zwischen Dauerschuldverhältnissen auf unbestimmte Zeit und solchen auf bestimmte Zeit zu unterscheiden ist und die im ersten Fall den Zeitablauf für die Entstehung der Forderung und im zweiten Fall für die Fälligkeit der Forderung als maßgebend betrachtet, ist nicht überzeugend. Zu einer derartigen Argumentation gelangt man, indem man die Einordnung des Zeitablaufs als Entstehungs- bzw. Fälligkeitsvoraussetzung davon abhängig macht, ob ein zulässiger Kündigungstermin verstreicht. In Anbetracht der im Falle der Dauerschuldverhältnisse zu § 271 BGB bestehenden Sonder- und Ausnahmenormen der §§ 551, 614, 699, 721 BGB geht jedoch die Annahme, daß die Einordnung des Zeitablaufs als Entstehungs- oder Fälligkeitsvoraussetzung vom Verstreichenlassen des Kündigungstermins abhänge, in die Irre.

Im Falle des § 271 BGB liege nur deshalb unzweifelhaft eine gegenwärtige Forderung vor, weil im von § 271 BGB geregelten Zeitpunkt alle Voraussetzungen der Forderung gegeben sind. Wirksamkeits-, Entstehungs- und Fälligkeitsvoraussetzungen sind zeitgleich vorhanden. Wie die Leistungszeit im Fall der Dauerschuldverhältnisse einzuordnen ist, erscheint angesichts der zuvor genannten Bestimmungen fraglich.

Denkbar ist zunächst, in der Zeitbestimmung nur die Hinausschiebung der Geltendmachung einer entstandenen und rechtswirksamen Forderung zu sehen. Es handelte sich bei dem Zeitablauf dann nur um eine Fälligkeitsvoraussetzung wie bei den betagten Rechten. In den Fällen der Dauerschuldverhältnisse besteht jedoch die Besonderheit, daß die Fälligkeit der Forderung ihrerseits von bestimmten Voraussetzungen abhängig gemacht wird. Beispielsweise wird der Anspruch auf Verteilung des Gewinns einer Gesellschaft nach § 721 BGB erst nach deren Auflösung fällig. Durch die Festlegung der Leistungszeit in den Sonderregeln für Dauerschuldverhältnisse wird also nicht nur die Leistungszeit hinausgeschoben; vielmehr wird diese ihrerseits von gesetzlich festgelegten Kriterien abhängig gemacht. Dies kann aber in Abgrenzung zu den betagten Forde-

---

18 Lieb, Diss., 51 ff.

rungen nur so gewertet werden, daß nicht nur die Geltendmachung der mit dem Vertragsschluß entstandenen Forderungen hinausgeschoben wird. Es handelt sich bei den gesetzlich festgelegten Leistungskriterien demgemäß um Entstehungstatsachen, bei deren Vorliegen gleichzeitig Fälligkeit eintritt.

Zutreffend dürfte es deshalb sein, den Auseinandersetzungsanspruch erst mit Beginn der Auseinandersetzung entstehen zu lassen, also im Zeitpunkt der Auflösung der Gesellschaft oder des Ausscheidens aus der Gesellschaft. Denn erst dann ist der Tatbestand der Entstehung, die Auseinandersetzung der Gesellschaft, eingetreten. Die Gewinnansprüche entstehen erst mit dem jeweiligen Gesellschafterbeschluß über Gewinnfeststellung und -verteilung, denn erst durch diesen Beschluß erfolgt die Entwidmung eines Teils des Gesellschaftsvermögens in grundsätzlich auszahlbaren Gewinn.

In diesem Abschnitt ist die Untersuchung zu dem Ergebnis gelangt, daß das Prioritätsprinzip, an Hand dessen das RG den zeitlichen und rechtlichen Vorrang der ersten Verfügung über den gesellschaftsrechtlichen Vermögensanspruch begründet, nicht auf die Einstufung dieser Ansprüche als gegenwärtige Rechte gestützt werden kann. Vielmehr zeigte sich, daß es sich bei den gesellschaftsrechtlichen Vermögensansprüchen um künftige Forderungen handelt. Damit hat sich ein Ausgangspunkt der Vertreter des Dogmas vom Vorrang der Stammrechtsverfügung bewahrheitet.

Die Frage des Vorranges einzelner von mehreren Abtretungen über dieselben künftigen Forderungen ist hierdurch indes noch nicht entschieden. Sie würde sich als Scheinfrage erweisen, wenn die im Schrifttum vertretene Auffassung zuträfe, daß Abtretungen künftig entstehender Forderungen rechtlich nicht möglich sind.

C. Zulässigkeit von Vorausabtretungen

Das Problem, die Wirksamkeit verschiedener Verfügungen über dieselbe künftige Forderung zu bestimmen, hat nach denjenigen, die Vorausabtretungen generell für unwirksam halten, nur dadurch entstehen können, daß Vorausabtretungen zugelassen worden sind[19]. Es gelte insoweit den Wettbewerb um Sicherungsmöglichkeiten einzudämmen, der dazu führen kann, daß beim Zedenten nichts mehr vorhanden ist, was ihm gehört. Der richtige Weg hierzu sei ein Verdikt dogmatischer Unwirksamkeit aller antizipierten Abtretungen[20]. Das Kreditsicherungsrecht hätte in seiner gegenwärtigen Ausgestaltung der Vorausabtretungen zu einer Ausuferung der Sicherungsmöglichkeiten und zu einer sachlich kaum vertretbaren Kreditschöpfung geführt, deren Preis eine Masse von ungesicherten Gläubigern zu tragen hätte.

Im Ergebnis würde die Versagung der Vorausabtretungen dazu führen, daß die Kreditgeber an Stelle der ins Uferlose ausgedehnten Sicherungsabtretung das Risiko eines Zahlungsausfalles zu verringern suchten. Dies könnte zu einer verschärften Kreditwürdigkeitsprüfung führen. Im Ergebnis müßten wohl häufiger als bisher Kreditzusagen verweigert werden: Haben Gesellschafter außer ihren zukünftigen gesellschaftsrechtlichen Vermögensansprüchen keine werthaltigen Sicherheiten zur Finanzierung ihres Vermögens anzubieten und sind die Kreditgeber nicht bereit, ohne Sicherheit zu kreditieren, so unterbleibt bei Unzulässigkeit der Vorausabtretung die Kreditgewährung[21]. Die Frage des Vorranges einzelner von mehreren Abtretungen über dieselben Forderungen wäre bei Beschränkung der Abtretung auf gegenwärtige Forderungen nur aufgrund des Prioritätsprinzips zu beantworten.

Die Prüfung der Zulässigkeit der Vorausabtretungen ist nach zwei Richtungen hin vorzunehmen. In einem ersten Schritt ist zu fragen, ob § 398 BGB oder andere Regelungen des BGB die Abtretung künftig erst entstehender gesellschaftsrechtlicher Vermögensansprüche zulassen. Anschließend müssen die wirtschaftlichen Bedürfnisse, die zu weitreichenden Vorausabtretungen in der Kreditpraxis geführt haben, überprüft wer-

19 Lange, NJW, 1950, 565, 567; Schwerdtner, NJW 1974, 1785, 1786.
20 Schwerdtner, NJW 1974, 1784, 1789.
21 So Schwerdtner a. a. O.

den, da sie die Konsequenzen einer Versagung der Vorausabtretungen aufzeigen.

1. Gesetzliche Grundlagen

Der Gesetzgeber des BGB hat die Vorausabtretung nicht ausdrücklich zugelassen[22]. So war der Wortlaut des § 398 BGB insbesondere für die Gegner der Zulässigkeit von Vorausabtretungen maßgebend[23]. Dieser spreche vom Gläubiger und stehe deshalb der Verfügungsmöglichkeit über künftiges Recht entgegen, denn ein Gläubiger sei nur vorhanden, wenn auch eine Forderung vorhanden sei[24]. Weiterhin sei eine dinglich wirkende Verfügung über etwas, was nicht existiere, undenkbar, "auch undenkbar als eine durch Existentwerden bedingte Verfügung; denn das Existentsein sei begrifflich Voraussetzung der Verfügung"[25]. Die meisten Autoren hingegen treten für die Zulässigkeit der Vorausabtretung ein, indem sie § 185 Abs. 2 BGB entsprechend anwenden[26].

---

22 Motive II, 118; vgl. hierzu auch die Ausführungen von Schwerdtner, NJW 1974, 1785, 1788.

23 Daneben gab es Versuche, die Unzulässigkeit der Vorausabtretung aus den Regeln der §§ 400 BGB, 851 ZPO zu begründen. Ausgangspunkt hierfür war, daß die h. M. die Abtretbarkeit künftiger Forderungen zulasse, während sie bei der Pfändbarkeit eine bestehende Rechtsbeziehung fordere. Im letztgenannten Fall wäre regelmäßig keine künftige Forderung betroffen. Aus den genannten Vorschriften ergebe sich aber, daß (die) Abtretung und Pfändung nach den gleichen Grundsätzen erfolgen müsse. Daraus sei der Schluß der Unzulässigkeit der Vorausabtretung zu ziehen. So insbesondere Westermann, a. a. O. Es handelt sich bei dieser Ansicht um eine Verkennung des Schuldnerschutzgedankens des § 400 BGB, vgl. Thomas/Putzo, § 851 Anm. 1, weil nur spezielle sozialpolitische Vorstellungen der §§ 850 f. ZPO in Bezug genommen werden sollten.

24 Eccius, DJZ 1904, 53 ff.; ders. Gruchot 48, 465; ders. Gruchot 53, 1 ff.

25 Eccius, DJZ 1904, 53 ff.; dagegen schon OLG Brauschweig, Seuff. A 59, 334; Wunschel, NJW 1959, 654 mit dem Argument, daß nach § 398 BGB alle Forderungen übertragbar seien, sofern sich ihre Unübertragbarkeit nicht aus besonderen Vorschriften – insbesondere §§ 399, 400 BGB – ergebe.

26 Zunächst vertreten von v. Thur, DJZ 1904, 426 f.; heute noch entscheidend für Flume, NJW 1959, 916; Hahnzog, Diss., 24; Palandt-Heinrichs, § 398 Rdn. 11; Wunschel, NJW 1959, 654; Lopau, DB 1973, 1537, der § 185 Abs. 2 S. 1 BGB direkt anwenden will.

§ 185 Abs. 2 S. 1 BGB heilt die Verfügung eines Nichtberechtigten über einen Gegenstand u. a. dann, wenn der Verfügende den Gegenstand nach seiner Verfügung erwirbt. Argumentum a fortiori mache es keinen Unterschied, ob die Verfügung nachträglich geheilt wird, weil der Verfügende das Verfügungsobjekt erwirbt oder weil das Verfügungsobjekt erst nachträglich entsteht. Des weiteren wird darauf verwiesen, daß der Gegensatz der bestehenden zu den künftigen Forderungen nicht so schroff sei, wie es zunächst erscheine[27].

Auch bei i. S. des § 158 BGB bedingten Forderungen handelt es sich um künftige Forderungen, weil noch eine zur Entstehung der Forderung erforderliche Tatsache fehle. Da die Abtretbarkeit bedingter Forderungen unbestritten sei, stehe der Wirksamkeit antizipierter Abtretungen kein Hindernis entgegen. Aus dem Umstand, daß der Gesetzgeber die Abtretung künftiger Forderungen nicht geregelt hat, läßt sich somit nicht zwingend der Schluß ziehen, die Vorausabtretung sei wegen der Regelung in § 398 BGB unzulässig[28]. Scheitert die Zulassung der Vorausabtretung jedenfalls nicht an zwingenden normativen Vorgaben und systeminternen Widersprüchen, dann kann die Zulassung in einem auf Privatautonomie beruhenden Vermögensrecht nur versagt werden, wenn ein sinnvolles wirtschaftliches Gestaltungsbedürfnis nicht ersichtlich ist.

2. Wirtschaftliche Interessengesichtspunkte

Schon im Gemeinen Recht waren wirtschaftliche Interessen entscheidend für die Annahme der Abtretbarkeit künftiger Forderungen[29]. Ausschlaggebend war die Notwendigkeit, den Kreditgebern im Rahmen zunehmender Fremdfinanzierung neue Sicherungsmittel zur Verfügung zu stellen. Die Vermögensordnung hinsichtlich der Forderungen wurde in weitem Maße durch wirtschaftliches Renditedenken gesteuert. Die Dynamik der industriellen Revolution profitierte von der Ausschöpfung jener Werte. Diese Entwicklung war folgerichtig. In der Übergangsphase von der

---

27 v. Thur, DJZ 1904, 426 ff.

28 Ebenso Philipp, Diss., 19 mit Fußn. 51.

29 Windscheid-Kipp, Lehrbuch des Pandektenrechts, Bd. II § 335 Anm. 12; demgegenüber wurde im Preußischen Recht ein bestehendes Rechtsverhältnis für das künftige Recht verlangt.

agrarischen zur industriell geprägten und zugleich kapitalorientiert wirtschaftenden Gesellschaft mußte jede Position wie eine Ware dem Rechtsverkehr unterworfen werden und konnte nicht mehr ihre ursprüngliche Statik wahren. Nach Verabschiedung der Idee, daß die Gläubigerstellung nicht übertragbar sei (nomia ossibus inhaerent, "Forderungen hängen an den Knochen"), war es bis zur Anerkennung zukünftiger Forderungen und deren Abtretbarkeit nur ein kleiner Schritt. Das RG[30] sah keinen Grund, von diesen Grundsätzen abzuweichen.

So bejahte es nach Inkrafttreten des BGB die Zulässigkeit der Vorausabtretung, um einen wirtschaftlichen Wiederaufbau nach dem Ersten Weltkrieg zu ermöglichen. Das bereits zum Gemeinen Recht angeführte Verkehrsbedürfnis lag in den meisten der zugrundeliegenden Sachverhalte verstärkt vor. Regelmäßig ging es um Fälle, in denen ein Kaufmann Entschädigung für kriegsbedingte Einbußen (Verdrängungsschäden - Schäden infolge Vertreibung aus den abgetretenen Gebieten –, Kolonialschäden – Schäden infolge des Krieges in den Kolonien –, Auslandsschäden – Schäden infolge von Maßnahmen der feindlichen Mächte gegen Deutsche im Ausland –) verlangte[31]. Für gewöhnlich fehlte es in dem Zeitpunkt, zu dem jene Ansprüche auf Entschädigung Gegenstand einer Verfügung waren, an der Rechtsgrundlage für die Möglichkeit der künftigen Entstehung der Entschädigungsforderung. Trotzdem bejahte das RG auch hier die Zulässigkeit der Vorausabtretung, da es den Kaufleuten nach Kriegsende zumeist an anderweitigen Sicherheiten fehlte, die sie für den Erhalt von Krediten hätten verwenden können.

3. Gewohnheitsrechtliche Geltung

Heute wird die Zulässigkeit der Vorausabtretung mit gewohnheitsrechtlicher Geltung begründet[32]. Zur Entstehung von Gewohnheitsrecht ist eine lang andauernde tatsächliche Übung in Rechtsüberzeugung erforderlich[33].

---

30 RGZ 55, 334; 67, 166 (167); 90, 274; 136, 110 (112).

31 RGZ 134, 225, 227.

32 Serick, Bd. IV, 272, 324.

33 Palandt-Heinrichs, Einleitung Rdn. 24 m. w. N.

Die Rechtsprechung geht seit jeher wie selbstverständlich von der Zulässigkeit der Vorausabtretung aus[34]. Auch im überwiegenden Teil des Schrifttums[35] wird die Zulässigkeit der Abtretung, wenn auch mit divergierenden rechtlichen Begründungen, für zulässig angesehen. Demnach hat sich aufgrund ständigen Gerichtsgebrauchs sowie der sich anschließenden allgemeinen Rechtsüberzeugung und der Betätigung durch ständige Übung die Zulässigkeit der Vorausabtretung gewohnheitsrechtlich herausgebildet. Aus Art. 2 EGBGB folgt, daß das Gewohnheitsrecht in seiner Wirkung dem geschriebenen Recht gleichsteht.

4. Folgen

Die Vorausabtretung gesellschaftsrechtlicher Vermögensansprüche ist heute aus dem Sicherungsrecht nicht mehr wegzudenken. Das Ziel, den dadurch bedingten Konflikt zwischen dem Vorauszessionar der gesellschaftsrechtlichen Vermögensansprüche und dem Neugesellschafter zu entschärfen, kann nicht dadurch erreicht werden, daß man dafür eintritt, die Abtretung künftiger Forderungen für unzulässig zu erklären. Dann konzentriert sich der Kampf um die Sicherheiten auf die gegenwärtigen Forderungen, ohne daß das Problem einer angemessenen Verteilung der zur Verfügung stehenden Sicherheiten einer Lösung näher gebracht wäre. Außerdem würde den Kreditnehmern eine Sicherheit genommen, die ihnen als Grundlage für einen benötigten Kredit dienen könnte, der heutzutage ohne Einräumung umfangreicher Sicherheiten nicht zu erhalten ist.

Soweit also die Frage der gesetzlichen Zulässigkeit der Vorausabtretungen im allgemeinen zur Diskussion steht, spricht vieles für die Wahrung der Kontinuität der Rechtsprechung. Danach sollte es dem Gläubiger möglich sein, erst in der Zukunft entstehende gesellschaftsrechtliche Vermögensforderungen abzutreten.

Läßt sich die Zulässigkeit der Vorausabtretung aber aus geltendem Recht ableiten, ist damit die Frage des Vorranges einzelner von mehreren

---

34 Aus jüngster Zeit BGH, NJW 1988, 3204.

35 Jauernig-Stürner, § 398 Anm. 5c; Palandt-Heinrichs, § 398 Rdn. 11; Staudinger-Kaduk, § 398 Rdn. 43b; ders., in: Larenz-FS, 690; Larenz, SchuldR I, 584; Soergel-Zeiss, § 398 Rdn. 7.

Abtretungen über dieselben künftigen Forderungen keine Scheinfrage. Vielmehr stellt sich in allen in Kapitel I und II aufgeführten Fallgruppen, in denen jeweils eine Kollision zweier Verfügungen auftritt, die dieselben gesellschaftsrechtlichen Vermögensansprüche umfassen, immer wieder die Frage, ob und unter welchen Voraussetzungen die zeitlich frühere Abtretung ihren Vorrang verliert, weil der Erstzessionar den Vermögensanspruch erst dann erwirbt, wenn der Zedent den Vermögensanspruch für eine juristische Sekunde erworben hatte. In der Rechtslehre ist unklar, welches Rechtsgeschäft in bezug auf die zukünftigen Forderungen unwirksam ist. Der BGH hingegen löst dieses Problem über das Dogma vom Vorrang der Stammrechtsverfügung.

D. Konstruktion des Erwerbs künftiger gesellschaftsrechtlicher Vermögensansprüche

Für die konstruktive Absicherung des Dogmas vom Vorrang der Stammrechtsverfügung nahm der Gesellschaftsrechtssenat des Bundesgerichtshofs[36] auf eine ältere Entscheidung des Mietrechtssenats[37] Rückgriff, derzufolge bei der Vorausabtretung zwischen dem äußeren Verfügungstatbestand und der Wirksamkeit des mit dem Verfügungstatbestand bezweckten späteren Rechtsüberganges zu unterscheiden sei. Der äußere Verfügungstatbestand liege mit Abschluß des Abtretungsvertrages vollständig vor. Ihre volle Wirkung könne die Vorausabtretung jedoch erst dann entfalten, wenn alle Voraussetzungen für die Entstehung des betreffenden Anspruchs in der Person des Zedenten erfüllt seien. Entfalle das Stammrecht, das den Anspruch begründen solle, vor Entstehung des Anspruchs, indem es beendet oder auf einen anderen übertragen werde, so gehe die Abtretung ins Leere. Der Veräußerer habe dann über eine Forderung im voraus verfügt, hinsichtlich derer er im Zeitpunkt der Verfügung Noch-nicht-Berechtigter und später Nicht-mehr-Berechtigter war.

Ebenso verhalte es sich in dem Fall, daß ein Gesellschafter die nach § 717 S. 2 BGB von der Mitgliedschaft lösbaren Einzelansprüche im voraus abtritt und dann noch vor deren Entstehen die Mitgliedschaft auf einen Dritten überträgt. So sei beispielsweise die Rechtsgrundlage für die künftige Forderung auf das Auseinandersetzungsguthaben, die Mitgliedschaft, durch die Übertragung auf den Anteilserwerber entfallen; nur in dessen Person habe nunmehr der Anspruch bei Auflösung der Gesellschaft entstehen können.

In gleicher Weise geht nach mittlerweile feststehender Rechtsprechung eine Pfändung des Anteils am Gesellschaftsvermögen einer vorherigen Abtretung einzelner Vermögensansprüche auf Gewinnanteile oder des Auseinandersetzungs- bzw. Abfindungsguthabens vor. Auch hier könne infolge der Pfändung des gesamten Anteils an dem Gesellschaftsvermögen kein einzelner vermögensrechtlicher Anspruch mehr zur freien Disposition des Gesellschafters entstehen[38].

36 BGHZ 88, 205, 207.

37 BGH, WM 1973, 489.

38 BGHZ 104, 351, 353 f.; vormals schon BGHZ 97, 392, 394 (Pfändung des Anteils am Vermögen einer GbR); siehe auch BGHZ 98, 48 = JZ 1987, 880 m. Anm. Ul-

Dieser ebenfalls in der Literatur[39] vorherrschenden Ansicht könnte zugestimmt werden, wenn der Zedent die im voraus abgetretene Forderung eine juristische Sekunde lang erwirbt, bevor sie auf den Zessionar übergeht (Durchgangserwerb). Denn die Abtretung künftiger Forderungen kann im Rahmen dieser Argumentation nach Vollzug des Vertragspartnerwechsels nicht in der Person des Zedenten für eine bloße juristische Sekunde wirksam werden.

In der höchstrichterlichen Rechtsprechung ist die Frage, ob eine im voraus abgetretene Forderung zunächst eine juristische Sekunde lang dem Zedenten zusteht und erst dann übergeht (Durchgangserwerb) oder ob sie unmittelbar beim Zessionar entsteht (Direkterwerb), jedoch noch nicht endgültig geklärt[40]. Auch im Schrifttum[41] besteht über ihre Beant-

---

mer; m. Bespr. Flume, NJW 1988, 161; Götte, DNotZ 1988, 603 und Marotzke, JR 1988, 164 (Vermächtnis der Mitgliedschaft bei anderweitiger Vererbung des Anspruchs auf das künftige Auseinandersetzungsguthaben bei der KG).

39 Grundlegend Wieland, Handelsrecht, Bd. I, 663; aus jüngerer Zeit Armbrüster, NJW 1991, 606; Flume, Die Personengesellschaft, § 17 III, 354 f.; K. Müller, Die Sicherungsübertragung von GmbH-Anteilen, 86; Hackenbroch, in: Festschrift zum 10-jährigen Bestehen der Fachhochschule für Finanzen Nordrhein-Westfalen in Nordkirchen, 1986, 93, 110 f.; Hadding, Steindorff-FS, 31, 42 f.; Huber, Vermögensanteil, 395; MünchKomm.-BGB-Ulmer, § 717 Rdnr. 29, 29 a, 32, 35 und 40; § 719 Rdn. 35; § 725 Rdn. 7; Palandt-Heinrichs, BGB, § 398 Rdn. 11; Raddatz, Diss., 116 ff.; Scholz-Winter, GmbHG, § 15 Rdn. 9.

40 So findet man Entscheidungen des Reichsgerichts, deren Äußerungen auf die Annahme eines Direkterwerbs hindeuten, vgl. RGZ 136, 100, 102. Demgegenüber finden sich in der Spruchpraxis des Reichsgerichts auch Urteile, die sich als Beleg für die Annahme eines Direkterwerbs heranziehen lassen, vgl. RGZ 55, 334, 335; RGZ 67, 166, 167.
Auch der Bundesgerichtshof hat sich mehrmals – ohne fundierte Stellungnahme – zugunsten des Direkterwerbs ausgesprochen; vgl. BGHZ 26, 185, 188; BGH, WM 1960, 393; BGHZ 70, 95; aus der instanzgerichtlichen Spruchpraxis ferner OLG Hamburg, MDR 1956, 22.

41 Für einen Durchgangserwerb: Egert, Die Rechtsbedingung, 1 ff.; Erman – H. Westermann, 4. Aufl. 1967, § 398 Anm Ic, 787; Hahnzog, Diss., 111; Larenz, SchulR AT, 14. Aufl., § 34 II, 585; Lempenau, Diss., 64; Oertmann, Rechtsbedingung, 184; Serick, Bd. IV, § 47 IV 1a; Siebert, Das rechtsgeschäftliche Treuhandverhältnis, 132.
Für einen Direkterwerb: Arndt, DRiZ 1954, 233; Dempewolf, NJW 1956, 851; Esser, SchuldR, Bd. I, 4. Aufl. § 55 III; Esser/Schmidt, SchuldR, Bd. I, 6. Aufl., § 37 I, Hufnagel, NJW 1952, 490, 491; Kötter, Diss., 15; Planck-Siber, BGB, Bd. II/1,

wortung seit langem Streit. Zur Erarbeitung einer Stellungnahme im Hinblick auf das konkrete gesellschaftsrechtliche Problem ist also eine genauere Auseinandersetzung mit der allgemeinen Frage nach der Konstruktion des Erwerbs künftiger Forderungen nötig.

1. Direkt- oder Durchgangserwerb?

Nach Auffassung einiger Vertreter in der Literatur entsteht die im voraus abgetretene Forderung in der Person des Zedenten, der sie eine logische Sekunde lang erwerbe. Erst dann gehe sie auf den Zessionar über (Durchgangserwerb). Dies ergebe sich aus dem Prinzip der Rechtsnachfolge, wonach auch bei der Vorausabtretung der Empfänger das Recht derivativ erwirbt[42]. Die Annahme eines Durchgangsstadiums werde auch in vielen weiteren Fällen der Vorausverfügung, wie beispielsweise der vorweggenommenen Einigung unter Vereinbarung eines vorweggenommenen Besitzmittlungsverhältnisses und dem Verfügungsgeschäft eines mittelbaren Vertreters, für einschlägig erachtet[43].

Weiterhin findet sich als Begründung für die sogenannte Durchgangserwerbstheorie folgendes: Die Wirkung der Vorausabtretung sei aufgeschoben. Erst in dem Augenblick, in dem die Forderung entstehe, trete die Verfügungswirkung ein. Jener Tatbestand, der die Abtretung wirksam mache, könne in seiner Relevanz nicht seinerseits durch die Verfügung beeinträchtigt werden; man könne nicht vortragen, das Recht entstehe originär beim Zessionar unter der Bedingung, daß es beim Zedenten entstehe. Nur wenn die Forderung zunächst in der Person des alten Gläubigers entstehe, lasse sich auch die Terminologie der §§ 398 f. BGB[44] und die Anwendung der Schuldnerschutzvorschriften gem.

---

§ 398 Anm. 4b; Rutkowsky, NJW 1957, 858; von Thur, AT Bd. II 1, 1914, § 60 V, 392.

42 Vgl. z. B. Hahnzog, Diss., 61 m. w. N.

43 Vgl. für den Fall der antizipierten Sicherungsübereignung statt vieler: MünchKomm.-BGB-Quack, § 930 Rdn. 44; Staudinger-Wiegand § 930 Rdn. 33. Zum Fall der Verfügung eines mittelbaren Stellvertreters vgl. Enn.-Nipperdey, § 179 II; Hahnzog, Diss., 60; Siebert, a. a. O., 111 ff.; Soergel- Schultze- v. Lasaulx vor § 164 Rdn. 44.

44 Serick, Bd. IV, § 47 IV 1 a.

§§ 404 f. BGB[45] klar begründen. Das Scheitern einer direkten Anwendung der Schuldnerschutzvorschriften nach §§ 404 f. BGB bei Ablehnung eines Durchgangserwerbs sei beispielhaft am Fall des § 406 BGB veranschaulicht[46]: Infolge der Vorausabtretung wären die Forderungen aufgrund des Geschäfts zwischen Zedent und Schuldner unmittelbar in der Person des Vorauszessionars entstanden. Eine Aufrechnungsmöglichkeit hätte deshalb nie bestanden[47]. Das durch § 406 BGB geschützte Vertrauen des Schuldners auf das Bestehen einer Aufrechnungslage wäre regelmäßig zu verneinen.

Nach der Gegenansicht in der Literatur entsteht die im voraus abgetretene künftige Forderung ohne Durchgangserwerb des Zedenten unmittelbar in der Person des Zessionars (Direkterwerb). Hiernach ist der Zedent in keinem Augenblick Gläubiger der Forderung, nicht im Zeitpunkt der Abtretung, weil die Forderung dann noch nicht besteht, nicht im Zeitpunkt ihrer Entstehung, weil sie jetzt nicht ihm, sondern gleich dem Zessionar gehört. Demnach könne der Zedent einer künftigen Forderung nicht als "bisheriger" oder "ursprünglicher" Gläubiger i. S. des Wortlauts von §§ 398 ff. BGB bezeichnet werden, sondern als derjenige, der ohne die Vorausabtretung Gläubiger der Forderung geworden wäre[48]. Das Argument der Gegenseite, daß die Forderung deshalb erst bei dem Zessionar entstehen müsse, weil sonst die §§ 404 ff. BGB nicht anwendbar seien, sei logisch nicht zwingend. Man müsse sich stets der Tatsache bewußt sein, daß der Gesetzgeber bei der Abfassung der Schuldnerschutzvorschriften nicht an die Besonderheiten der Vorausabtretung gedacht habe. Die Vorausabtretung sei nur eine Variante der im BGB explizit geregelten Abtretung gegenwärtiger Forderungen. Jener Rechtsgedanke gelte aber nicht nur für den Tatbestand, sondern auch für die Rechtsfolgen der wirksamen Abtretung. Demnach stünden der Anwendung der §§ 404 f. BGB im Rahmen der Vorausabtretung keine Bedenken im Wege[49].

---

45 Serick, Bd. IV, § 47 IV 1 a.

46 Zu den Problemen um die Anwendung des § 406 BGB bei Vorausabtretungen vgl. Schomaker, BB 1969, 940 f.; Serick, BB 1982, 873 f.

47 Hierzu BGHZ 66, 384, 385.

48 V. Thur, DJZ 1904, 426 (429); so auch Hofmann, Diss., 147.

49 Hahnzog, Diss., 131 ff.; Hofmann, Diss., 147; Lempenau, Diss., 110 f.; v. Thur, AT Bd. II 1, § 60, 394.

Auch wird für die Theorie des Direkterwerbs immer wieder angeführt, daß die Vorstellung der Verfechter eines Durchgangserwerbs, der Zedent müsse zumindest eine juristische Sekunde lang Inhaber der Forderung gewesen sein, nicht lebensnah sei[50]. Der von den Parteien mit der Vorausabtretung verfolgte Zweck bestehe gerade darin, daß der Zessionar bereits mit Abschluß des Verfügungsgeschäfts in die Rechtsstellung des Zedenten eintrete und dieser auch nicht für eine bloße juristische Sekunde Inhaber des Rechts werde. Ziel sei es, daß der Zedent auch rechtlich daran gehindert sei, eine entgegenstehende Verfügung über die angeblich ihm selbst zustehende Forderung vorzunehmen[51]. Dies werde dadurch erreicht, daß er die Forderung erst gar nicht erwerbe.

Beide Ansichten zeigen, daß die Diskussion um die Konstruktion des Erwerbs künftiger Forderungen wesentlich von der Wertungsfrage geprägt ist, ob man den Erwerber zu Lasten des Schuldners oder von Gläubigern des Veräußerers privilegieren solle. Gleichwohl reichern die Vertreter beider Theorien ihre formale Struktur kaum mit materiellen Gesichtspunkten an, vielmehr führen sie allein die gegen die jeweils andere Ansicht sprechenden Argumente ins Feld. Es liegt deshalb nahe, die Einsichtigkeit und Anschaulichkeit der Konstruktion des Erwerbs künftiger Forderungen stattdessen mit inhaltlichen Gesichtspunkten zu begründen. Diese knüpfen an den Verfügungsgegenstand bei Vorausabtretungen an, da künftige Forderungen, je nachdem, ob für sie im Zeitpunkt der Verfügung schon eine Rechtsgrundlage besteht, einen verschiedenen rechtlichen Zuschnitt haben und deswegen unterschiedlichen rechtlichen Regeln unterliegen können[52]. Während Forderungen, deren Rechtsgrundlage erst geschaffen werden muß (sog. künftige Forderung im engeren Sinne, z. B. die Kaufpreisforderung aus einem noch abzuschließenden Kaufvertrag), nach dem Offenheitsprinzip bei Begründung obligatorischer Rechte zunächst nur beim Zedenten entstehen können, ist zum Entstehen der künftigen Forderung häufig dann keine Rechtshandlung

50 Planck-Siber, § 398 Anm. 46; Hofmann, Diss., 148 sprechen von einer "lebensfremden Fiktion".

51 Hofmann, Diss., 147.

52 Hierzu Marotzke, KTS 1979, 40, 44 ff., 50 ff.; Schwerdtner, NJW 1974, 1785, 1787 (1788); Serick, Bd. IV, § 47 IV 1 b. Von hier aus ist es unzutreffend, wenn Palandt-Heinrichs, § 398 BGB Anm. 3 c, einer "vermittelnden Ansicht" den Vorzug geben oder wenn – wie bei Erman-H. P. Westermann, § 398 Rdn. 12 – die Terminologie übernommen wird.

des Zedenten mehr erforderlich, wenn für die künftige Forderung bereits eine Rechtsgrundlage besteht (sog. künftige Forderung im weiteren Sinne; im wesentlichen handelt es sich um Forderungen aus Dauerschuldverhältnissen). Dem Zessionar wird hier nicht nur die künftige Forderung im weiteren Sinne abgetreten, sondern in der Regel wird zugleich und darüber hinaus eine bereits bestehende Rechtsposition des Zedenten, eine Anwartschaft[53] auf den künftigen Erwerb, übertragen, denn der Wille des Zedenten, dem Zessionar das Vollrecht in der Zukunft zu verschaffen, schließt den Willen ein, ihm alles zu übertragen, was an Rechtspositionen auf dem Weg zum Vollrecht hin übertragbar ist[54]. Die übertragene Anwartschaft schafft bereits im Zeitpunkt ihres Entstehens bei dem Zessionar feste rechtliche Bezüge auf dem Weg zur vollendeten Forderungsübertragung, die dem Erwerber schon jetzt den Schutz der §§ 160, 161 BGB zukommen lassen. Das Anwachsen der Anwartschaft zu einem vollen Recht hängt in diesen Fällen allein noch von dem Zeitablauf, dem Eintritt der Bedingung oder davon ab, daß der Zedent eine Gegenleistung erbringt. Der Zedent hat keinerlei Rechtsposition mehr, die einen Durchgangserwerb seinerseits rechtfertigen könnte[55]. Infolge der Abtretung hat er mit der schon bestehenden Forderungsanwartschaft nichts mehr zu tun. § 185 Abs. 2 BGB, mit der Konsequenz des in § 185 Abs 2 S. 1 Fall 2 BGB genannten Durchgangserwerbs (des Zedenten), ist entgegen anderslautenden Ansichten in der Literatur[56] auch insoweit nicht anwendbar, als durch die Verfügung über die Anwartschaft mittelbar über das Vollrecht der Forderungsinhaberschaft verfügt wird. Derjenige, der als Berechtigter über eine Anwartschaft und damit mittelbar über ein fremdes Recht verfügen darf und verfügt, muß demjenigen gleichgestellt wer-

53 Serick, Bd. IV, § 47 IV 4.

54 Vgl. die häufig bestätigte, von RGZ 140, 223 abweichende Entscheidung BGHZ 20, 88.

55 So insbesondere Larenz, SchR AT, 586 und Medicus, JuS 1967, 385.

56 Egert, Die Rechtsbedingung, 118, 119; Münzel, MDR 1959, 348, 349; Marotzke, Diss., 14 f. Marotzke, a. a. O., macht geltend, daß der Erstanwärter im Fall der Verfügung über die Anwartschaft nur über den durch §§ 160 I, 161 I, 162 I BGB geschützten schuldrechtlichen Anspruch auf Nichtbeeinträchtigung des bereits eingeleiteten Eigentumserwerbs als Berechtigter verfüge, eine Verfügungsberechtigung hinsichtlich des Vollrechts verschaffe ihm die Anwartschaft nicht. Dies überzeugt schon deshalb nicht, weil offenbleibt, welche Rechtsposition des Erstanwärters nach seiner Weiterverfügung einen Durchgangserwerb rechtfertigt. Zu weiteren Gegenargumenten vgl. den Haupttext.

den, der im Einverständnis des Vollberechtigten verfügt[57]. Die Forderung entsteht hier also unmittelbar in der Person des Zessionars, dem die Anwartschaft auf den Erwerb der Forderung zugeordnet ist. Demnach erwürbe der Vorauszessionar gesellschaftsrechtlicher Vermögensansprüche diese direkt mit ihrem Entstehen, wenn ihm zugleich mit der Vorausabtretung eine Forderungsanwartschaft eingeräumt wird. Ohne eine solche müßte die Verfügungsbefugnis des Zedenten auch noch im Zeitpunkt der Entstehung des Gläubigerrechts vorhanden sein, so daß ein Durchgangserwerb anzunehmen wäre, wie ihn der BGH der Sache nach zum Thema der Abhandlung vertritt.

2. *Die Stellung des Zessionars vor Entstehen der gesellschaftsrechtlichen Vermögensansprüche*

Bei der Beantwortung der Frage, ob dem Zessionar des künftigen gesellschaftsrechtlichen Vermögensanspruchs bereits ein Anwartschaftsrecht an dem Vermögensanspruch zusteht, darf das naheliegende Ergebnis, der Zessionar sei Gläubiger einer künftigen Forderung im weiteren Sinne und deshalb auch Anwartschaftsberechtigter, nicht zu früh als gesichert angesehen werden[58]. Vielmehr bedarf es auch insoweit, als der Rechtsgrund für eine zukünftige Forderung schon gelegt ist, im Einzelfall einer gesonderten Untersuchung[59].

Per definitionem liegt nur dann ein Anwartschaftsrecht vor, wenn von einem mehraktigen Entstehungstatbestand eines Rechts bereits so viele Erfordernisse erfüllt sind, daß von einer gesicherten Rechtsposition des Erwerbers gesprochen werden kann, die der andere an der Entstehung des Rechts Beteiligte nicht mehr einseitig zu zerstören vermag[60]. Geht

57 BGHZ 20, 88, 100.

58 So schon Raddatz, Diss., 120.

59 Serick, Bd. IV, § 47 I 3, 265.

60 Auf H. Westermann, Sachenrecht, § 5 III 3 a zurückgehende Definition, die von BGHZ 45, 186 (189); BGH, NJW 1955, 544; Palandt-Heinrichs, Einf. v. § 158 Rdn. 9 übernommen wurde. Eine einhellig anerkannte Definition des nötigen Sicherheitsgrades gibt es allerdings nicht. So wird oft noch weitergehend verlangt, daß der Erwerb nur noch vom Interessenten selbst oder vom Zeitablauf abhängen dürfe, vgl. Raiser, Dingliche Anwartschaften, 6 f.; Serick, Bd. IV, § 49 I 2c. Andere hingegen lassen es genügen, daß eine Beeinträchtigung der Position des Erwerbers nach dem

man davon aus, daß dem Vorauszessionar der gesellschaftsrechtlichen Vermögensansprüche nur dann ein Anwartschaftsrecht an den Gewinn-, Abfindungs- und Auseinandersetzungsansprüchen zukommen kann, wenn der zedierende Gesellschafter ein solches besessen hat, so ist die anerkannte Definition des Anwartschaftsrechts an den Gesellschafter und nicht an den Zessionar anzulegen[61].

Als Anknüpfungspunkt für die Frage, ob der für ein Anwartschaftsrecht notwendige Bestandsschutz des Gesellschafters hinsichtlich der künftigen Vermögensansprüche gegeben ist, dient häufig eine Parallele zum aufschiebend bedingten Rückübertragungsanspruch des Sicherungsgebers bei unbedingter Sicherungsübereignung[62]. In diesem Fall habe bereits ein Rechtsgrund – die Sicherungsabrede – für die in ihrer Entstehung ungewisse Forderung vorgelegen, und der Sicherungsnehmer sei nicht in der Lage gewesen, die Rechtsposition des Sicherungsgebers einseitig zu zerstören. Das gleiche gelte auch für die Rechtsposition des Gesellschafters vor Entstehung des Anspruchs auf Beteiligung an einem künftigen Auseinandersetzungserlös. Auch hier liege eine gesicherte Rechtsstellung – die Mitgliedschaft – vor, welche gegen Willkürakte der Mitgesellschafter geschützt sei[63].

Diese Betrachtung wird neuerdings in Zweifel gezogen[64]. Mit Abschluß des Gesellschaftsvertrages sei erst ein einziger Schritt auf dem

---

"normalen Verlauf der Dinge"ausgeschlossen sei, BGHZ 49, 197, 202. Aus dem Gesetz – § 455 a. E. – folgt allein, daß der Veräußerer den Eigentumserwerb des Anwärters nicht willkürlich und einseitig verhindern können darf.

61 Z. T. wird ausschließlich erörtert, ob dem Zessionar der zukünftigen Forderung ein Anwartschaftsrecht zusteht (vgl. Raiser, Dingliche Anwartschaften, 43; Soergel-Zeiss, § 398 Rdn. 11 und BGH, ZIP 1991, 1481); dieser Ansatz ist jedoch nicht zutreffend, da Voraussetzung für ein Anwartschaftsrecht des Zessionars ein solches des Gläubigers/Zedenten ist (vgl. Serick, Bd. IV, § 11 II 1, 251 f. mit zahlreichen Hinweisen).

62 Statt vieler Serick, Bd. IV, § 47 I 3, S. 265 (insbesondere Fußn. 18).

63 Ebenso nehmen Huber, Vermögensanteil, 395 und Hackenbroch, in: FS-FH Nordrhein-Westfalen, 93 ff. (97) hinsichtlich der Auseinandersetzungs- bzw. Abfindungsforderung das Bestehen einer Forderungsanwartschaft an. Es findet sich aber kein Hinweis darauf, daß sie vom Bestehen einer aufschiebend bedingten Rechtsstellung des einzelnen Gesellschafters ausgehen. Vielmehr halten sie es für selbstverständlich, daß der gesellschaftsvertraglich garantierte Anspruch auf Beteiligung am Auseinandersetzungserlös eine gesicherte Rechtsposition begründet.

64 Raddatz, Diss., 122 ff.; ihm folgend Müller, ZIP 1994, 342 ff., insbesondere 353 ff.

Weg zur wirksamen Entstehung der gesellschaftsrechtlichen Vermögensansprüche vollzogen. Über den Entstehungszeitpunkt und die Höhe[65] des Auseinandersetzungsanspruchs herrsche Unklarheit, so daß ein Wertungsunterschied zu künftigen Forderungen aus sonstigen Dauerschuldverhältnissen (wie beispielsweise den Mietzinsansprüchen) bestehe, an denen dem Gläubiger bereits mit Zustandekommen der Rechtsgrundlage ein Anwartschaftsrecht zugesprochen wird. Beachte man zudem die Möglichkeit der Mitgesellschafter, durch gesellschaftsvertraglich zugelassene Mehrheitsentscheidungen über die Verwendung erzielter Gewinne (z. B. Bildung stiller Reserven) mittelbar und bei Entscheidungen über Vorschriften, die die Höhe und Fälligkeit der Abfindung eines ausscheidenden Gesellschafters betreffen, sogar unmittelbar auf den Auseinandersetzungsanspruch einzuwirken, so spreche mehr gegen als für die Annahme eines Anwartschaftsrechts[66]. Die fehlende Möglichkeit des Gesellschafters, das Resultat des Ergebnisverwendungsbeschlusses zu judizieren, verhindere ebenfalls eine Anwartschaft an den künftigen Gewinnansprüchen[67].

Die heute herrschende, vom Durchgangserwerb ausgehende Lehre hat zu dieser Kontroverse noch keine Stellung genommen. Zwar herrscht Übereinstimmung darin, daß es sich bei dem Anspruch auf Gewinn und Auseinandersetzungsguthaben um künftige Forderungen im weiteren Sinne handelt. Dennoch wird allgemein angenommen, daß die Vorausabtretung keinen Gegenstand erlangt[68] oder die künftigen Einzelforderungen im Zeitpunkt der Abtretung noch nicht existieren[69]. Diese Behauptungen sind jedoch kaum begründet, sondern beschreiben mehr die Wirkungen der Abtretung einer künftigen Forderung "im engeren Sinn".

So kommt es für die Frage, ob dem Gesellschafter ein Anwartschaftsrecht an den künftigen Gewinn- und Auseinandersetzungsansprüchen zugesprochen werden kann, darauf an, ob der Sicherungswert der künftigen gesellschaftsrechtlichen Vermögensansprüche für die Annahme eines

---

65 Hierzu ausführlich Müller, a. a. O., 354/5.

66 Raddatz, Diss., 121.

67 Müller, ZIP 1994, 354.

68 Besonders deutlich siehe Hadding, in: Steindorff-FS, 43.

69 So Flume, a. a. O., § 17 III Fußn. 36: "Der Erwerber der Mitgliedschaft erwirbt nicht mehr, als der Veräußerer hatte, nämlich die Mitgliedschaft, da die zukünftigen Ansprüche auf Gewinn und Auseinandersetzungsguthaben ja noch gar nicht existieren."

Anwartschaftsrechts ausreicht, wenn der Gesellschaftsvertrag keine Mindestentnahme garantiert und die Reservenbildung grundsätzlich im "Ermessensspielraum" der Mehrheit steht. Pars pro toto sei zunächst der Gewinnanspruch des Gesellschafters untersucht.

a. Der Gewinnanspruch

Ein angemessener Schutz des Gesellschafters gegen eine übermäßige Gewinnthesaurierung durch die Mehrheit könnte sich aus der gesellschaftlichen Treuepflicht ergeben[70]. Für Schuldverhältnisse bestimmt § 242 BGB ganz allgemein, daß der Schuldner einer Leistungspflicht hinsichtlich der Art und Weise der Erfüllung seiner Leistung nicht völlig frei ist. Vielmehr muß er die Leistung nach Treu (= also Verläßlichkeit) und Glauben (= also Vertrauen des anderen Teils auf die Treue) erbringen. Der Schuldner muß insoweit auf die aus dem Vertrag und seinem Leistungsversprechen resultierenden berechtigten Belange seines Vertragspartners angemessen Rücksicht nehmen. Gleiches gilt – nur in eben weit stärkerem Maße – auch für den Gesellschafter einer Personengesellschaft, sog. gesellschaftsrechtliche Treuepflicht[71].

Das gesellschaftsvertragliche Versprechen hat mehrere Bezugspunkte – nämlich sowohl gegenüber der Gesellschaft als auch den Mitgesellschaftern, – und zwar in positiver wie in negativer Hinsicht[72]. Die Gesellschafter können insoweit wechselseitig Rücksichtnahme einfordern und verlangen, daß positiv jeder Mitgesellschafter seine Pflicht, die Zweckerreichung zu fördern, erfüllt und negativ alles unterläßt, was die Zweckerreichung vereiteln könnte.

Die Treuepflicht wirkt im Regelfall für die Gesellschaftermehrheit rechtsbegrenzend. Ihre Schrankenfunktion bei der Ausübung der Mehrheitsmacht bildet auch die Grundlage für einen Minderheitenschutz gegen sachlich ungerechtfertigte Gewinnthesaurierung, die eine Ausschüttung als solche beeinträchtigt oder verhindert[73]. Das ist im Prinzip allgemein anerkannt und bereitet im Extremfall des gezielten Aushungerns

70 Vgl. Hueck, in: FS-Steindorff, 45, 56 ff.

71 Hopt, GesellR, Rdnr. 375 f.

72 G. Hueck, GesR, § 7 I 1 d; Kübler, GesR, § 6 II 2 c; K. Schmidt, GesR, § 20 IV; Schultz/Timm, Fälle zum Handels- und Gesellschaftsrecht, Fall 12, 104 f.

73 Hueck, in: FS-Steindorff, 55 ff.

der Minderheit durch jahrelanges Vorenthalten des Gewinns keine Schwierigkeiten[74].

So kraß sind die Fälle in der Wirklichkeit jedoch nur selten[75]. Wo Wirkungsgrenzen unter dem Gesichtspunkt des Minderheitenschutzes außerhalb jenes extremen Beispiels liegen, läßt sich im Vorwege nur schwer sagen. Bleibt es insoweit bei der für die Feststellung von Treuepflichten typischen Einzelfallbeurteilung des Verhaltens der Mehrheit im Verhältnis zur Minderheit nach den Grundsätzen der Verhältnismäßigkeit und Erforderlichkeit[76]? Ist daher eine Abwägung zwischen dem Gesellschaftsinteresse an der Reservenbildung und dem Gesellschafterinteresse an einer Gewinnausschüttung vorzunehmen, mit allen Praxisproblemen, die die Ermittlung eines unternehmerischen Ermessensfehlers mit sich bringt, wie einer dem Minderheitsgesellschafter ungünstigen Beweislage und teuren Sachverständigengutachten[77]? Oder gibt es ein nach festen Gesichtspunkten zu bestimmendes richtiges Verhältnis von Gewinnausschüttung und Vollthesaurierung, so daß die Rechtsstellung des Vorauszessionars gesichert ist[78]?

Zur Konkretisierung der Gesellschaftertreuepflicht bei jedem Verwendungsbeschluß das aktuelle und voraussichtliche Thesaurierungsinteresse der Gesellschaft gegen das gegenläufige Entnahmeninteresse jedes einzelnen (Minderheits-)Gesellschafters abzuwägen, ist schon deshalb abzulehnen, weil die persönlichen Belange eines Gesellschafters außerhalb seiner Mitgliedschaft allenfalls in Ausnahmefällen innerhalb der Gesellschaft relevant sein können[79]. Geplante Ausgaben im privaten Bereich begründen eine solche Ausnahmesituation in der Regel nicht.

---

74 Hommelhoff, ZGR 1986, 418 (425 ff.); Liebs, DB 1986, 2421 (2422); Scholz/Emmerich, GmbHG, § 29 Rdn. 189.

75 Obwohl der vom BGH entschiedene Fall, DB 1974, 716 ziemlich kraß lag: Der Gewinn eines Jahres wurde benutzt, um auf einen Schlag die Rückstellung für eine rückwirkend eingegangene Pensionsverpflichtung des Gesellschaftergeschäftsführers zu bilden.

76 Hueck, in: FS-Steindorff, 57.

77 Hueck, a. a. O.; Müller, ZIP 1994, 354.

78 Zu dieser Weichenstellung Müller, ZIP 1994, 354.

79 Hommelhoff, ZGR 1986, 418 ff., 423 f., 427; näher zu dieser Begründung Lutter, AcP 180 (1980), 84, 128 f.

Allein relevant, weil mitgliedschaftlich vermittelt[80], sind im Hinblick auf das Entnahmerecht zwei Teilbeträge:

– eine angemessene Rendite auf das Kapital, das der Gesellschafter aus seinem Privatvermögen effektiv der Gesellschaft zugeführt hat;

und

– (pauschaliert) der Aufwendungsersatz für die Anteilsverwaltung und für die Wahrnehmung der mit seinem Anteil verbundenen Mitgliedschaftsrechte.

Grundsätzlich werden die Mehrheitsgesellschafter im Ergebnisverwendungsbeschluß diese Teilbeträge als auszuschüttenden Mindestgewinn gewährleisten müssen. Aus diesem Grunde vermögen auch die geltend gemachten Beweisprobleme nicht zu überzeugen.

Ist die Ausschüttung dieser zwei Teilbeträge die Regel und eine Rücklagenbildung, die im Ergebnis die Ausschüttung jener zwei Teilbeträge an den Gesellschafter verhindert, die Ausnahme, so trifft die Darlegungs- und Beweislast hinsichtlich der Gründe für das Abweichen von der Regel primär diejenigen, die als Mehrheitsgesellschafter die Ausnahme (in einem solchen Fall also die Thesaurierung) beschließen[81]. Ein adäquater Minderheitenschutz ist danach möglich und kann trotz der genannten Schwierigkeiten bei sinnvoller Handhabung durchaus effektiv sein und nicht zuletzt eine präventive Wirkung entfalten[82].

Demnach treffen die eingangs erwähnten Bedenken gegen eine Forderungsanwartschaft des Gesellschafters an seinem künftigen Gewinnanspruch nicht zu. Vor dem jeweiligen Gesellschafterbeschluß über die Gewinnfeststellung und Gewinnverteilung kann man demnach von einem Anwartschaftsrecht des Gesellschafters an den künftigen gesellschaftsrechtlichen Vermögensansprüchen sprechen. Dieses wird dem Zessionar der gesellschaftsrechtlichen Vermögensanspüche mitübertragen, so daß die Verfügungsbefugnis des Zedenten im Zeitpunkt der Entstehung der Vermögensansprüche nicht mehr vorhanden sein muß. Der Vorauszessionar der gesellschaftsrechtlichen Vermögensansprüche erwirbt diese mit ihrem Entstehen (direkt), so daß die Ansicht des Bundesgerichtshofs und der herrschenden Lehre, der Vorauszessionar der gesellschaftsrecht-

80 Zu diesem Kriterium: Lutter, AcP 180(1980), 84 ff., 129.

81 Zum Regel-/Ausnahmeverhältnis zwischen Thesaurierung und Vollausschüttung als Mittel des Minderheitenschutzes Ehlke, DB 1987, 671 ff., 677.

82 Im Ergebnis gleich Hueck, in: FS-Steindorff, 58.

lichen Einzelansprüche würde mit der Abtretung nichts erlangen, fehlgeht.

b. Der Anspruch auf das Auseinandersetzungsguthaben

Hinsichtlich des vorausabgetretenen Anspruchs auf das Auseinandersetzungs- bzw. Abfindungsguthaben kann nichts anderes gelten. Auch an ihnen besaß der zedierende Gesellschafter vor Abtretung eine Forderungsanwartschaft. Zwar sind die Regeln über das Abfindungsguthaben dispositiv, d. h. die Gesellschafter können im Gesellschaftsvertrag Bewertungsregeln für die Abfindung treffen[83]. Die Vereinbarung von Abfindungsregeln findet jedoch ihre Grenze in §§ 138 Abs. 1, 723 Abs. 3 BGB, so daß eine willkürliche Vereitelung des Erwerbs eines Abfindungsguthabens im Sinne der Anwartschaftsdefinition ausscheidet. Eine Abfindungsregelung, welche dem ausscheidenden Gesellschafter keinen ausreichenden Gegenwert für seine dingliche Beteiligung am Gesellschaftsvermögen gewährt, kann deshalb eine nach §§ 723 Abs. 3 BGB, 133 HGB unzulässige Kündigungserschwerung darstellen[84]. Dem Zessionar des Auseinandersetzungsanspruchs wird demnach eine Forderungsanwartschaft übertragen, so daß die Verfügungsbefugnis des Zedenten im Zeitpunkt der Entstehung des Gläubigerrechts nicht mehr vorhanden sein muß.

---

83 Bsp.: Vereinbarung einer sog. Buchwertklausel. Lediglich die Buchwerte des Gesellschaftsvermögens werden der Abfindung zugrundegelegt. Der Ausscheidende nimmt also an stillen Reserven und dem Firmenwert (§ 248 Abs. 2 HGB) nicht teil.

84 K. Schmidt, Gesellschaftsrecht, § 50 IV 2, 1220; MünchKomm.-BGB-Ulmer, § 738 Rdnr. 33 ff.

E. Zusammenfassung zu III

Bei den Ansprüchen auf Gewinn, Liquidations- und Abfindungsguthaben handelt es sich um künftige Forderungen, weil die endgültige Entstehung nach § 721 BGB bzw. § 730 BGB von der Auflösung der Gesellschaft abhängig ist und nicht allein auf dem Abschluß des Gesellschaftsvertrages basiert. Ihre Abtretbarkeit erlangte wegen des ständig steigenden Kreditbedarfs gewohnheitsrechtliche Anerkennung. Vor der Vorausabtretung hat der Gesellschafter im allgemeinen ein Anwartschaftsrecht an der künftigen Einzelforderung. Die Konstruktion des Erwerbs künftiger gesellschaftsrechtlicher Vermögensansprüche zeigt, daß der Vorauszessionar infolge der Abtretung eine gesicherte und geschützte Rechtsposition erhält: das Anwartschaftsrecht an den Vermögensansprüchen.

Ist der Direkterwerb der gesellschaftsrechtlichen Vermögensansprüche konstruktiv aber die richtige Lösung, dann findet das auf den Durchgangserwerb abstellende Dogma vom Vorrang der Stammrechtsverfügung in der Konstruktion des Erwerbs künftiger gesellschaftsrechtlicher Vermögensansprüche keine Stütze.

Für die Bewertung des Dogmas vom Vorrang der Stammrechtsverfügung ist dies allerdings kaum ein Zwischenbefund, noch weniger eine endgültige Diagnose, da die Konstruktion des Erwerbs künftiger Forderungen isoliert, d. h. ohne Blick auf die Kollision mit nachträglichen Zwischenverfügungen, erfolgte.

Fragt man nach den folgerichtigen Ableitungen aus dem Direkterwerb für den Fall, daß mehrere Personen glauben, von der Position des Zedenten abgeleitete Rechte erworben zu haben, die sich gegenseitig ausschließen würden, so erscheint zunächst folgendes richtig: Bereits das Zustandekommen des Abtretungsvertrages läßt die Vermögensansprüche insoweit aus dem Vermögen des Zedenten ausscheiden, als ihm für Verfügungen, die den Erwerb der entstandenen Forderungen beim Zessionar verhindern, die Rechtsmacht fehlt[85]. Der demnach folgerichtige Vorrang des Vorauszessionars beruht dann auf der zeitlichen Priorität der an ihn erfolgten Verfügung. Solche einfachen und deshalb besonders anschau-

85 Für den Fall divergierender Verfügungen gilt an sich auch bei Annahme des Durchgangserwerbs der Grundsatz der Priorität, vgl. Palandt-Heinrichs, § 398 Rdn. 13.

lichen quasi-methaphysischen Ableitungen überzeugen jedoch nur bei Übereinstimmung mit den gesetzlichen Wertungen[86].

Anlaß, das konstruktiv durch den Zusammenhang von Anwartschaftslehre und Prioritätsprinzip gewonnene Zwischenergebnis in Frage zu stellen, besteht. Vorbehalte gegen die Prioritätslösung resultieren daraus, daß das Gesetz ausdrücklich Ausnahmen vom Prioritätsprinzip anerkennt (gutgläubiger Erwerb des Zweiten)[87] und darüber hinaus in neuerer Zeit Durchbrechungen des Prioritätsprinzips von der Rechtsprechung[88] bejaht werden, die auf einer einverständlichen Aufhebung des dem Anwartschaftsrecht zugrundeliegenden Rechtsverhältnisses von Seiten des Schuldners und Erstanwärters beruhen. Ist somit aber das Prioritätsprinzip ins Zentrum der Auseinandersetzung um die Frage nach dem Schutz der Vorauszessionare gesellschaftsrechtlicher Vermögensansprüche vor nachfolgenden Verfügungen über den Anteil gerückt, muß es zunächst im Vorfeld der Kollisionslagen näher untersucht werden.

---

86 Der (rechtsirrige) Satz, ein nichtiges Rechtsgeschäft könne nicht angefochten werden, spricht hierfür Bände.

87 Umfassend zum Verhältnis von Prioritätsprinzip und Gutglaubenserwerb bei Doppelverfügungen Walz KritV 1990, 393 ff., 398 f.

88 BGHZ 35, 85 f., 94. Umfassend zu den Durchbrechungen des Prioritätsprinzips bei Zugrundelegung der Anwartschaftslehre Marotzke, Diss., 27 ff.

IV. Kollisionslagen

A. Anteilsübertragung nach Abspaltung der Vermögensansprüche

Das BGB setzt das Prioritätsprinzip voraus[1], um die Frage zu entscheiden, ob eine Abtretung in ihrem Umfang weitere Abtretungen oder Pfändungen ausschließt. Auf dem Gebiet, dessen Untersuchung sich die vorliegende Arbeit widmet, ist mit dem Prioritätsprinzip der Vorrang der Vorauszessionare und Geldkreditgeber vor den Neugesellschaftern bezüglich der zur Sicherheit abgetretenen Forderungen auf Gewinn-, Abfindungs- und Auseinandersetzungsguthaben vorgezeichnet. Das Gegenteil ist nach der Betrachtungsweise der Rechtsprechung richtig, die man schlagwortartig als "Dogma vom Vorrang der Stammrechtsverfügung" bezeichnet. Die Vorausabtretung wird im Falle einer späteren Anteilsübertragung pauschal für unwirksam erklärt und das auf der Grundlage des Konflikts zwischen Vorausabtretung und späterer Anteilsübertragung gewonnene Ergebnis auf den Fall einer nachfolgenden Anteilspfändung angewendet, weil "nicht einzusehen sei, wieso die Pfändung der Mitgliedschaft weniger wirksam sein sollte, als die Abtretung (des Gesellschaftsanteils)"[2].

Die Entscheidung, wie auch immer sie ausfällt, bringt für den Verlierer große Härten mit sich. Wenn der Zessionar des Vermögensanspruchs sein Recht trotz der späteren Abtretung des Gesellschaftsanteils behält, erwirbt der Zessionar des Gesellschaftsanteils ein in seinem Wert ausgehöhltes Recht, ohne in seinem guten Glauben an die Vollwertigkeit des Rechts geschützt zu werden. Falls andererseits der Zessionar des Vermögensanspruchs sein Recht durch die spätere Abtretung des Gesellschaftsanteils verliert, hat er ein Recht erworben, das ihm jederzeit aus der Hand genommen werden kann und deshalb keinen oder nur einen zweifelhaften juristischen und wirtschaftlichen Wert besitzt. Ein verhältnismäßiger Ausgleich zwischen den Parteien sollte gleichwohl nur dann angestrebt werden, wenn diese Extrempositionen sich als dogmatisch unhaltbar erweisen.

---

1 Im ersten Entwurf zu § 1209 war der Grundsatz ausdrücklich enthalten, wurde dann aber gestrichen, um nicht das Mißverständnis aufkommen zu lassen, daß er "nur für das Pfandrecht und nicht in gleicher Weise für alle übrigen dinglichen Rechte gelte"; Mugdan, Gesammelte Materialien zum BGB III, 918 f.

2 So sinngemäß BGH, ZIP 1988, 1546 (für die GmbH) und wörtlich Flume, AT Bd. I 1, § 17 III, 355. Gegen die von den Vorgenannten befürwortete Gleichstellung Hakkenbroch, Diss., 149 (im ersten Absatz), 154 ff. (besonders 156), 172.

Unter 1. wird das Prioritätsprinzip zunächst näher erläutert. Dabei dienen die Unterabschnitte a. und b., die sich mit den verfassungsrechtlichen Verankerungen des Prioritätsprinzips und dessen ökonomischer Funktion beschäftigen, dem Zweck, die Dimension zu verdeutlichen, die eine das Prioritätsprinzip verneinende Rechtsprechung im Rahmen der Gesamtrechtsordnung besitzt. Nach diesen Präliminarien wird unter c. die Geltung des Prioritätsprinzips bei einander widersprechenden Vorausabtretungen untersucht. Dabei soll primär geprüft werden, ob und inwieweit das Prioritätsprinzip bei widerspruchsvollen Vorauszessionen durch die "Vertragsbruchlehre" des BGH außer Kraft gesetzt wurde, wonach der spätere verlängerte Eigentumsvorbehalt beim Zusammentreffen mit einer früheren Globalzession vorgeht. Diese Frage wird kontrovers beurteilt.

Ist die Frage der Kollision künftiger Rechte mit nachfolgenden Verfügungen aber schon im Kernbereich des Zivilrechts beim Verhältnis von Globalzession zum verlängerten Eigentumsvorbehalt umstritten, so verwundert es nicht, daß im Gesellschaftsrecht mit seinen Sonderwertungen, wie der Einheit von Herrschaft und Haftung, das Verhältnis zwischen der Vorausverfügung über die Vermögensansprüche und der nachfolgenden Übertragung des Gesellschaftsanteils ungeklärt ist. Nach einem Seitenblick auf ähnliche Problemlagen unter d. folgen deshalb unter e. die zentralen Betrachtungen zur Gültigkeit des Prioritätsprinzips bei Kollision einer Vorausabtretung der gesellschaftsrechtlichen Einzelansprüche mit der nachfolgenden Übertragung des gesamten Gesellschaftsanteils. Diese heben stark darauf ab, daß Erst- und Zweitverfügung nicht dasselbe Recht betreffen, sondern ein Recht (Vermögensansprüche) und seine Rechtsgrundlage (Gesellschaftsanteil). Am Anfang (unten (1)) steht dabei die Begründung des BGH, derzufolge eine Anwendbarkeit des Prioritätsprinzips auf das Thema der Arbeit aus rein rechtskonstruktiven Überlegungen ausscheidet. Er verweist hierfür auf die Unwirksamkeit der Vorauszession der Einzelansprüche nach Übergang des Anteils. Unter Einbeziehung der hierzu in der Literatur vertretenen Ansichten erfolgt eine kritische Würdigung der vorgebrachten Gesichtspunkte. Die anschließenden Ausführungen berücksichtigen unter (2) die gesetzliche Grundlage des Prioritätsprinzips im Fall widerspruchsvoller Abtretungen künftiger Forderungen, § 185 Abs. 2 S. 2 BGB, und überprüfen, ob die Anteilsübertragung eine widersprechende Verfügung im Sinne dieser Norm ist. Am Ende steht ein eigener Lösungsansatz.

Schließlich wird unter Punkt 2. untersucht, inwieweit der auf der Grundlage des Prioritätsprinzips gewonnene Lösungsansatz noch trägt, wenn man die Problemkonstellation auf ihre Subsumierbarkeit unter die Regeln des gutgläubigen Erwerbs überprüft. Im Erwerb der Mitgliedschaft, ohne Wissen um die Teilentleerung des Anteils durch Vorabspaltung der Vermögensansprüche, läßt sich leicht ein Gutglaubenserwerb erblicken. Der redliche Erwerb vom Nichtberechtigten ist bei Doppelverfügungen als Ausnahme zur Regel des Prioritätsprinzips zu sehen.

1. Prioritätsprinzip

Bedenken gegen den überwiegend postulierten Vorrang der Anteilsabtretung könnten aus dem Prioritätsprinzip folgen, wonach von zwei sich widersprechenden Verfügungen nur die zeitlich erste Gültigkeit hat. Das BGB setzt das Prioritätsprinzip voraus. Es ergibt sich bei Verfügungen über bestehende Rechte aus dem einleuchtenden Grundsatz: Nemo plus juris ad alium transferre potest, quam ipse habet[3]. Hat der Inhaber eines Rechts dieses auf einen anderen übertragen, so kann er es nicht nochmals "als Berechtigter" auf einen Dritten übertragen oder diesem ein beschränkt dingliches Recht bestellen. Umgekehrt kann, wenn bereits ein beschränktes dingliches Recht bestellt wurde, das Vollrecht nur noch mit Belastungen auf einen Dritten übertragen werden. Das Rangverhältnis zwischen mehreren beschränkt dinglichen Rechten entscheidet sich ebenfalls nach der Priorität "prior tempore, potior iure" (§ 879 BGB i.V.m. § 17 GBO, § 1209 BGB).

3 Lempenau, Diss., 69; Westhoff, Diss., 74; RGRK-Weber § 398 Rdn. 31. Andere, am Erwerber ansetzende Legitimationen des Prioritätsprinzips vermochten nicht zu überzeugen. So ist der Satz, daß derjenige eine Sache erwirbt, der sich ihrer zuerst unter Ausschluß anderer bemächtigt, ohne gegen bestehende Rechte Dritter zu verstoßen, schon im ursprünglichen Anwendungsbereich (Jagd) eine Ausnahmeerscheinung gewesen. Eine Übertragbarkeit auf andere Bereiche scheidet sonach aus; vgl. Walz, KritV 1990, 393 gegen Kegel, in: von Caemmerer-FS, 149 ff.

a. Grundrechtliche Verankerung des Prioritätsprinzips

Die Anwendung des Prioritätsprinzips auf kollidierende Verfügungen läßt sich grundrechtlich verankern[4]. Positive Aussagen zur wirtschaftlichen Ordnung hat das Grundgesetz insoweit getroffen, als die grundrechtsberechtigten Wirtschaftssubjekte gegen staatliche Eingriffe in den Wirtschaftsprozeß durch die Berufs- und Gewerbefreiheit (Art. 12 GG), durch das das Unternehmen umfassende Eigentumsgrundrecht (Art. 14 GG) und ergänzend durch Art. 2 Abs. 1 GG, der auch die freie Entfaltung durch Vertragsfreiheit sichern will[5], geschützt sind. Die freie wirtschaftliche Entfaltung ist damit grundrechtlich umfassend geschützt, wobei objektiv-rechtlich ein den Individualschutz unterstützender Schutzauftrag an den Staat zur Einrichtung und Erhaltung dieser Freiheit besteht[6]. Der Prioritätsgrundsatz verwirklicht dabei am besten die durch Art. 14 I GG gesicherte Verfügungsfreiheit, weil er dem Rechtsinhaber jede Verfügung erlaubt, solange er das Recht innehat und eine einmal getätigte Verfügung gelten läßt. Des weiteren schützt allein der Prioritätsgrundsatz die Freiheit des Erwerbers, Rechte des Veräußerers im Rahmen seiner Vertragsfreiheit gem. Art. 2 Abs. 1 GG zu erwerben.

b. Ökonomische Funktion des Prioritätsprinzips

Die Konsequenzen rechtlicher Lösungen aufzuzeigen und Bewertungskriterien für die Vorzugswürdigkeit einer Alternative zu erstellen, kann die ökonomische Analyse des Zivilrechts: Sie stellt sich damit als Ergänzung zur üblichen juristischen Interessenabwägung dar. Ein Hauptgegenstand der ökonomischen Rechtsanalyse besteht darin, Regelungen vorzuschlagen, deren Vorhandensein die Effizienz der Mittelverwendung fördert. Eine rechtliche Regelung muß der ökonomischen Analyse zufolge so ausgestaltet werden, daß sie den Kriterien des Wohlfahrtsoptimums möglichst nahe kommt. Nach diesen führt der Markt bei Abwesenheit von Transaktionskosten, genauer Spezifikation und freier Übertragbarkeit der Verfügungsrechte, vollkommen rational handelnden Marktteil-

---

4 BVerfGE 4, 7 (17 f.); BVerfGE 50, 290 (338) "Investitionshilfeentscheidung"; Rittner, Wirtschaftsrecht, 32 f.; Götz, JZ 1989, 1021.

5 Dürig in: Maunz/Dürig/Herzog/Scholz, GG, Stand 1989, Art. 2 I Rdn. 53.

6 Stern, Das Staatsrecht der BRD, Bd. III/1, 1988, § 69 II 5.

nehmern und funktionierendem Wettbewerb die Ressourcen den Stellen zu, an denen sie ihren maximalen Nutzen entfalten.

Bei Verfügungen, bei denen für den Eintritt der Rechtswirkungen allein auf die zeitliche Priorität abgestellt wird, sind die Transaktionskosten optimal niedrig[7]. Der Ersterwerber spart Informationskosten, da er sich bezüglich künftiger Kredite darauf verlassen kann, daß seiner Verfügung zeitlich der Vorrang vor einer weiteren Übertragung an den nachfolgenden Kreditgeber zukommt. Dadurch, daß der Ersterwerber nicht dinglich gegenüber dem Zweiterwerber verzichten muß, sondern den vollen Nennwert beanspruchen kann, sind die Sicherungsrechte in ihrem Inhalt überschaubar. Indem der Verfügungsgegenstand sowohl an den Zweiterwerber als auch an den Ersterwerber wirksam abgetreten werden kann, wird seine freie Übertragbarkeit als Verfügungsrecht gesichert. Demgegenüber müßte sich der Ersterwerber ohne Geltung des Prioritätsprinzips stets darüber informieren, ob eine Kollision mit Zweitverfügungen möglich ist und inwieweit durch diese seine Sicherheit vernichtet wird. Den Interessen des Zweiten kann statt mit einer Durchbrechung des Prioritätsprinzips regelmäßig mit Ersatzsicherheiten gleichermaßen gedient werden. Die strikte Geltung des Prioritätsprinzips entspricht deshalb am besten den normativen Anforderungen der ökonomischen Analyse an das Rechtssystem[8].

c. *Die Geltung des Prioritätsprinzips bei einander widersprechenden Vorausabtretungen*

Der Schutz der Vorauszessionare einzelner Vermögensansprüche dagegen, daß die an sie vorausabgetretenen Werte dem Zugriff anderer Gläubiger des Zedenten (Gesellschafters) zum Opfer fallen, ist schon dann problematisch, wenn nach Vorausabtretung ein zweiter Gläubiger dieses Gesellschafters auf den Plan tritt, der sich dieselben Vermögensansprü-

---

7 Differenzierend Walz, KritV 1990, 394, der darauf hinweist, daß dies nur gelte, wenn die Zuordnungsverhältnisse offenlägen. Könne der Erwerber nicht erkennen, ob sein Veräußerer noch Berechtigter sei, so wäre es ihm auch nicht möglich zu beurteilen, ob er Erst- oder "frustierter" Zweiterwerber sei. Dies ist zwar richtig, bezieht aber die Transaktionskosten des Ersterwerbers für den Fall der Nichtgeltung des Prioritätsprinzips nicht in die Lösung mit ein. Zu ihnen vgl. den Text im folgenden.

8 Schäfer/Ott, Lehrbuch der ökonomischen Analyse des Zivilrechts, 496/7, 501, 505.

che in Unkenntnis der Vorausabtretung erneut abtreten läßt. Zwar vertritt der Bundesgerichtshof die Ansicht, daß im Falle mehrfacher Verfügungen des Gesellschafters über denselben künftigen Anspruch der Grundsatz der Priorität zur Anwendung kommt: In dem Zeitpunkt, zu dem der Anspruch in der Person des Gesellschafters entsteht, wird von den Verfügungen nur die frühere wirksam. Die Geltung des Prioritätsprinzips ist in diesen Fällen gleichwohl umstritten. Sie ist insofern mitzubeantwortende Vorfrage, als ein Vorrang der früheren Verfügung gegenüber der späteren Anteilsübertragung nur schwer begründet werden könnte, wenn bereits kein Schutz gegen spätere Verfügungen über dasselbe künftige Recht bestände.

Noch in jüngerer Zeit wurde die Ansicht vertreten, zwei Verfügungen über dasselbe in der Zukunft erst entstehende Recht seien nichtig[9]. Die Begründung sei darin zu finden, daß die Geltung des Prioritätsprinzips für Abtretungen von zukünftig erst entstehenden Forderungen niemals positiv aus dem System des BGB entwickelt worden sei[10]. Zudem basiert dieser Standpunkt auf der Ansicht, daß eine Verfügung über eine zukünftige Forderung erst mit dem Entstehen dieser Forderung wirksam werde. Seien in diesem Wirksamkeitszeitpunkt dann zwei einander widersprechende Verfügungen in der Welt, bleibe nur der Ausweg über die Nichtigkeit beider Verfügungen[11].

Diese Meinung richtet sich in letzter Konsequenz gegen die Zulässigkeit der Abtretung künftiger Forderungen, die heute allgemein anerkannt ist[12]. Ist die Zession zukünftig erst entstehender Forderungen möglich, muß die Wirksamkeit im Verhältnis zu Verfügungen über das gleiche Recht grundsätzlich ebenso beurteilt werden wie bei mehreren Abtretungen über bereits bestehende Rechte[13]. Hierbei ist festzuhalten, daß der Rechtserwerb des Zessionars mit der Entstehung des Rechts vollendet ist[14]. Die Verfügungsbefugnis verliert der Zedent aber bereits mit Abtretung der zukünftigen Forderung[15].

---

9 Esser, ZHR 135 (1971), 320, 325 ff.

10 Esser, ZHR 135 (1971), 320, 325.

11 Lange, NJW 1950, 565, 567.

12 Vgl. oben S. 50 ff.

13 Staudinger-Kaduk, § 398 Rdn. 43 b.

14 Staudinger-Kaduk, § 398 Rdn. 56.

15 Staudinger-Kaduk, § 398 Rdnr. 56 f.; Serick, Bd. IV, § 49 I. 2. b), 390.

Die gravierendsten Bedenken gegen die Geltung des Prioritätsprinzips bei der Kollision zweier Vorausverfügungen resultieren aus der Analyse der herrschenden Meinung in dem rechtspraktisch wichtigsten Fall der Vorausabtretung: dem Zusammentreffen von verlängertem Eigentumsvorbehalt und Globalzession. Dort wurde die Überzeugungskraft und der Gerechtigkeitsgehalt des Prioritätsprinzips stark angezweifelt, da die Banken, sofern der Lieferant nicht eine Vorausabtretungsvereinbarung für alle künftigen Lieferungen vor der Globalzession getroffen hat, stets den Vorrang erhielten. Man argumentierte, der Lieferant stehe "näher" an der Forderung aus dem Weiterverkauf der Ware als die Bank; der Käufer begehe einen Vertragsbruch gegenüber dem Lieferanten, wenn er die unter verlängertem Eigentumsvorbehalt gekaufte Ware weiterverkaufe, wissend, daß die Forderung daraus der Bank zufällt. Aus diesem Grund hat der BGH[16] die Globalzession, die dem Lieferanten jede Möglichkeit der Verlängerung seiner Sicherheit abschneidet, wegen Verstoßes gegen die guten Sitten nach § 138 Abs. 1 BGB (wahlweise wird unterstützend auf § 134 BGB verwiesen) für nichtig erklärt. Später nahm der BGH[17] seine Vertragsbruchrechtsprechung weitgehend zurück und erkannte die Globalzession "im Einzelfall" doch an.

Teile der Literatur sehen in der Anwendung der §§ 134, 138 BGB eine handgreifliche Verleugnung des Prioritätsprinzips[18]. Hat man aber erkannt, daß das vom BGB nur für Ausnahmetatbestände geschaffene Surrogationsprinzip (§§ 1247, 1287) nicht anwendbar ist, so muß man zugeben, daß der Kampf um die Sicherungsmöglichkeiten beim korrekt handelnden Sicherungsgeber zu einem Verzicht entweder auf den Warenkredit oder auf den Geldkredit (soweit er durch Forderungen gesichert werden sollte) führt. Auf beide Kreditarten ist aber die Wirtschaft in erheblichem Maße angewiesen; verlängerter Eigentumsvorbehalt und Sicherungsglobalzession sind die anerkannten institutionellen Mittel zur Sicherung dieser Kredite. Deshalb ist es wohl der richtige Weg, dort eine institutionelle Lösung des Problems zu suchen[19]. Der sachgerechte An-

---

16 Seit BGHZ 30, 149 ff.; BGHZ 32, 361 ff. ständige Rechtsprechung.

17 BGH, NJW 1974, 942 f. (dazu Serick, BB 1974, 845 ff.); BGHZ 109, 240 ff.

18 Kötter, Diss., 118.

19 Hierfür u. a. Flume, NJW 1950, 841, 847 und NJW 1959, 913, 918; Erman, BB 1959, 111; ursprünglich Esser, JZ 1968, 285 (seiner Aufteilung nach Wertquoten folgend: Fikentscher, Schuldrecht, 343); Finger, JZ 1970, 642 ff.; Beuthien, BB 1971, 375 ff.; Serick, Bd. IV, § 50 III 2c.

satzpunkt dürfte in einer Teilabtretung der Forderung liegen; es muß nur gelingen, den abgetretenen Teil bestimmbar zu bezeichnen. Jedenfalls sollte dieser Exkurs zeigen, daß derartige, nach speziellen Wertungsgesichtspunkten zu entscheidende Probleme keinen Anlaß bieten, das Prioritätsprinzip generell – für miteinander kollidierende Vorausverfügungen – über Bord zu werfen. Es galt nur die Bereiche aufzuzeigen, für die aus sachgerechten Gründen eine angemessene Ausnahmelösung zu entwikkeln ist. Ob sich auch bei dem hier anliegenden Problem eine institutionelle Lösung aufdrängt, wird noch zu untersuchen sein.

Durch genaues Hinsehen hat sich sonach gezeigt, daß der Prioritätsgrundsatz in der Regel auch den Konflikt zwischen einander widersprechenden Verfügungen über künftige Rechte entscheidet.

d. Die Geltung des Prioritätsprinzips bei ähnlichen Problemlagen

Eine dem Thema der Arbeit ähnliche Problematik divergierender Verfügungen ergibt sich auch bei den Mitgliedschaften in anderen Gemeinschaften[20] sowie bei der unechten Anteilsübertragung durch Doppelvertrag, also durch den rechtlich unverbundenen, zeitlich jedoch koordinierten Austritt des Altgesellschafters und Eintritt des Neugesellschafters[21]. Nachfolgend soll geprüft werden, ob die Frage des Vorranges hier geklärt ist und gegebenfalls als Lösungshinweis in Richtung auf das Prioritätsprinzip oder das Dogma vom Vorrang der Stammrechtsverfügung gewertet werden kann[22].

Im Recht der Miterbengemeinschaft nach den §§ 2033 f. BGB ist diese Frage ungeklärt. Die herrschende Meinung[23] nimmt hierbei die generelle Unabtretbarkeit des Auseinandersetzungsanspruchs an, so daß sich für sie bereits das Problem kollidierender Verfügungen nicht stellt. Zur Begründung weist sie auf die vom Gesetzgeber gewollte "spiegelbildliche" Regelung von Gesellschaftsrecht und Erbrecht hin: hier Abtretbar-

---

20 Hierzu insbesondere Sigler, MDR 1964, 372 f.; Hackenbroch, Diss., 151 f.

21 Vgl. BGHZ 44, 229 (231); G. Hueck, Gesellschaftsrecht, § 10 III 1, 69.

22 Für eine Übernahme der in den Parallelfällen gewonnenen Ergebnisse insbesondere Ensthaler, Liquidation, 72 f.; Huber, Vermögensanteil, 392 (395) (Doppelvertrag); Sigler, MDR 1964, 372, 373 (andere Gemeinschaften).

23 RGZ 60, 126 ff.; RG, Recht 14 Nr. 2542; Hamburg OLG 30, 180; Dresden OLG 40, 110; Brox, Erbrecht, Rdn. 452; Erman-Schlüter § 2033 Rdn. 10; MünchKomm.-BGB-Dütz § 2033 Rdn. 10; Staudinger-Werner § 2033 Rdn. 12.

keit des Auseinandersetzungsanspruchs und Unübertragbarkeit des Gesellschaftsanteils, dort Übertragbarkeit des Erbanteils und Unabtretbarkeit des Auseinandersetzungsanspruchs[24]. Außerdem müsse vermieden werden, daß ein Erbteilserwerber ein "nudum jus" erwerbe, den Nachlaßgläubigern nach den §§ 2371, 2382, 2383 und 2385 BGB aber trotzdem hafte[25]. Demgegenüber weist eine Minderansicht in der Literatur darauf hin, daß angesichts der Abdingbarkeit des Übertragungsverbots im Gesellschaftsrecht von einer spiegelbildlichen Lage nicht ausgegangen werden könne[26]. Den Erwerb eines leeren Erbanteils sieht man wegen des spekulativen Moments des Erbschaftskaufs als vertretbar an[27]. Andere[28] wiederum halten den Auseinandersetzungsanspruch für abtretbar, lassen aber die spätere Erbteilsübertragung vorgehen, weil der Erbe eine künftige, ihm später auch gedanklich nicht erwachsende Forderung zediert habe.

Das Gemeinschaftsrecht nach §§ 741 ff. BGB enthält keine Regelung des Problems. Zumindest in der Eigentümergemeinschaft kann aber der Vorrang der nachfolgenden Übertragung des Eigentumsanteils angenommen werden. Das folgt aus der verstärkten sachenrechtlichen Stellung des Miteigentümers. Der Miteigentümer erwirbt den Anteil "unbelastet" von einer vorhergehenden Abtretung des Ausfolgungsanspruchs, ebenso wie der Erwerber des Volleigentums einer Sache die Abtretung des Voreigentümers aus künftiger Sachbeschädigung nicht gegen sich gelten lassen muß. Anderenfalls wäre der Verkehrsschutz des Sacheigentums empfindlich gestört. Denn die Vorausabtretung könnte den wirtschaftlichen Wert des Eigentums nahezu aufheben, ohne von den Gutglaubensvorschriften – insbesondere scheidet § 936 BGB aus – erfaßt zu werden. Bei Annahme der Doppelvertragstheorie[29] für den als Anteilsübertragung bezeichneten Vorgang entsteht gem. § 738 Abs. 1 S. 2 BGB eine Abfindungsforderung zugunsten des ausscheidenden Gesellschafters (und damit des Vorauszessionars), während der Neugesellschafter später seinen Auseinandersetzungsanspruch nur nach Maßgabe dessen geltend machen

24 RGZ 60, 126 ff., 130.

25 Brox, Erbrecht, Rdn. 452; Erman-Schlüter § 2033 Rdn. 10; MünchKomm.-BGB-Dütz § 2033 Rdn. 10.

26 Sigler, MDR 1964, 372 f.; ihm folgend RGRK-Kregel § 2033 Rdn. 2.

27 Sigler a. a. O.

28 Von Thur, AT Bd. I, § 20 VIII, 365.

29 Vgl. oben Seite 80.

kann, was die Gesellschaft im Zeitraum seiner Mitgliedschaft erwirtschaftet hat.

Der Vergleich mit der Rechtslage bei sonstigen Mitgliedschaften ist demnach weniger ergiebig, als man erwarten könnte. Aus der herrschenden Meinung zur Miterbschaft müßte man schließen, daß die Abtretung des Auseinandersetzungsanspruchs "an sich" vorgehen würde. Bei den übrigen Gemeinschaften erscheint das Gegenteil zutreffend. Ergiebiger, dafür aber für die Abhandlung unverwertbar, ist das auf der Grundlage der Doppelvertragstheorie gewonnene Ergebnis.

Einer Gleichsetzung von derivativem Anteilserwerb und "unechter" Anteilsübertragung durch Doppelvertrag steht entgegen, daß die Unterscheidung zwischen den beiden rechtlichen Konstruktionen nicht rein theoretischer Art ist, sondern die Wahl der einen oder anderen Form der Anteilsübertragung praktische Konsequenzen hat. So ist in der Zweimanngesellschaft ein Gesellschafterwechsel nur durch "echte" Anteilsübertragung möglich. Denn während der derivative Anteilserwerb die Identität der Gesellschaft unberührt läßt, würde ein Doppelvertrag zumindest eine logische Sekunde zum Verbleib nur eines Gesellschafters und damit zur Auflösung der Gesellschaft führen. Auch bleiben an dem Gesellschaftsanteil bestellte dingliche Rechte – z. B. ein Pfandrecht oder ein Nießbrauch – von einer Übertragung des Anteils nur dann unversehrt, wenn diese sich im Wege der Anteilsabtretung vollzieht .

e. *Das Prioritätsprinzip im Konflikt zwischen Erstzessionar der gesellschaftsrechtlichen Einzelansprüche und dem Zweitzessionar des gesamten Gesellschaftsanteils*

In diesem Unterabschnitt werden der gegenwärtige Stand der Rechtsprechung und der herrschenden Lehre zum Thema dieser Arbeit ebenso wie ein Teil der abweichenden Ansichten dargestellt und einer kritischen Würdigung unterzogen. Am Anfang stehen dabei Erläuterungen zur Anwendbarkeit des Prioritätsprinzips auf die Kollision einer vorherigen Verfügung über die Vermögensansprüche (= Früchte eines Stammrechts) und der nachträglichen Übertragung des Anteils (= Stammrechts) selbst (unten (1)). Daran schließt sich unter (2) eine Untersuchung der Frage an, ob die vorliegende Kollisionslage von § 185 Abs. 2 S. 2 BGB erfaßt wird. Im Rahmen des Sicherungskonflikts zwischen dem Erstzessionar der gesellschaftsrechtlichen Vermögensansprüche und dem Stammrechtserwerber gilt es, Modifikationen in der Interessenbewertung zu beachten, die daraus entstehen, daß der Verfügungsgegenstand beim zweiten Übertragungsakt ein "Mehr" im Verhältnis zum Gegenstand der ersten Übertragung darstellt. Eine schlichte Übernahme der bisher vorgebrachten Argumente für das vorstehende Problem scheidet somit aus. So sind es denn auch weiterreichende Gründe, die die eingefahrene Judikatur vom Dogma vom Vorrang der Stammrechtsverfügung einer Kritik aus dem Blickwinkel des Prioritätsprinzips unterziehen (hierzu unten (cc)). Die Aspekte, die für eine Rückkehr zum Prioritätsprinzip sprechen, sind 1. verfassungsrechtliche Einwände gegen den Eingriff der Rechtsprechung in die Privatautonomie, 2. Defizite der BGH-Rechtsprechung bei der Abwägung der Interessen von Zessionar und Neugesellschafter sowie 3. der einfachgesetzlich vorausgesetzte Zusammenhang zwischen gesellschaftsrechtlicher Kündigungsbefugnis einerseits und Rechtsinhaberschaft an den Einzelansprüchen andererseits.

(1) Anwendbarkeit des Prioritätsprinzips

Bei Doppelabtretungen treten besondere Schwierigkeiten hinsichtlich der Anwendbarkeit des Prioritätsprinzips auf, wenn der Verfügungsgegenstand beim zweiten Übertragungsakt nicht vollkommen identisch mit dem der ersten Übertragung ist[30]. Beide Abtretungen stehen offensichtlich in Widerspruch zueinander und doch fehlt die vom Prioritätsprinzip vorausgesetzte innere Gleichwertigkeit der Prätendenten. Dies hat den BGH veranlaßt, die Anwendbarkeit des Prioritätsprinzips beim Thema der Arbeit aus zwei Gesichtspunkten heraus zu verneinen.

Einmal stellt er darauf ab, daß sich der Gegenstand der ersten Übertragung zum Gegenstand der zweiten Übertragung, wie das Recht zur Rechtsgrundlage, wie ein "Weniger" zu einem "Mehr" verhält (dazu sogleich). Des weiteren hält er die Anwendbarkeit des Prioritätsprinzips auf die vorliegende Problemkonstellation deshalb für nicht gegeben, weil sich hier ein künftiges und ein gegenwärtiges Recht gegenüberstünden (dazu weiter unten).

30 Für diese Konstellation die Geltung des Prioritätsprinzips a priori verneinend Hakkenbroch, Diss., 149.

Maßgebend ist für den BGH[31], daß das Prioritätsprinzip nur dann Anwendung findet, wenn beide miteinander konkurrierenden Rechte rechtslogisch zur Entstehung gelangen könnten, was beim Konflikt von Vorausabtretung einzelner Vermögensansprüche und späterer Anteilsübertragung nicht gegeben sei. Substantiiert wird dieser Vorbehalt durch folgende Überlegung: Zwar stehe die nur sukzessive Tatbestandsverwirklichung bei der Vorausabtretung (Abtretungsvertrag + Verfügungsmacht + Forderungsentstehung = Forderungsübergang) ihrer Gültigkeit nicht entgegen. Jedoch müßten die Voraussetzungen für die Wirksamkeit der Abtretung zumindest in einem Zeitpunkt einmal alle gemeinsam vorliegen[32]. Damit werde zwingend erforderlich, daß der Zedent im Entstehungszeitpunkt der Forderung noch ihr Gläubiger ist und diese zu eigener Verfügungsmacht erwirbt[33]. Dies gelte auch für den Fall, daß man bei Forderungsentstehung einen Direkterwerb des Zessionars annimmt.

Insoweit ändere sich nur die Formulierung dahingehend, daß der Zedent die Forderung bei Hinwegdenken der Vorausabtretung zu eigener Verfügungsmacht hätte erwerben müssen. Somit gelte nach beiden Sätzen, daß der Zedent für das Wirksamwerden der Vorausabtretung noch bis zum Zeitpunkt der Forderungsentstehung Partei des Rechtsverhältnisses sein muß, aus dem das abgetretene Recht hervorgeht. Im gesellschaftsrechtlichen Kontext bedeute dies: Scheidet ein Gesellschafter durch Übertragung des Anteils aus der Gesellschaft aus, kann er – selbst bei Außerachtlassung der Vorausabtretung – nicht mehr Gläubiger der gesellschaftsrechtlichen Vermögensansprüche werden.

Ein weiterer Blick auf die Inhaltsbestimmung des Prioritätsprinzips bestätige dieses Ergebnis[34]. Beim Prioritätsprinzip handele es sich um den Grundsatz, wonach das früher entstandene Recht dem späteren im Rang vorgeht. Rechtlich unterscheiden sich die Vorausabtretung der gesellschaftsrechtlichen Einzelansprüche und die Verfügung über den Anteil nach Auffassung des Bundesgerichtshofes insofern, als letztere nicht ein künftiges, sondern ein bereits bestehendes Recht betreffe, also sofort und damit zeitlich früher als die Vorausabtretung wirksam werde. Da die

---

31 BGHZ 88, 205, 206.

32 Diese für das Verständnis der Vorausabtretung elementare Erkenntnis wird im Schrifttum äußerst unzureichend verdeutlicht; treffend aber AlternKomm.-Ott, § 398 Rdnr. 6 f.

33 Vgl. Larenz, AT, § 18 II c, 323; ders., SchR AT, § 34 III, 586.

34 BGHZ 104, 351, 354.

Verfügung über den Anteil abgeschlossen sei, bevor sich mit Entstehung der Einzelansprüche deren Vorausabtretung vollziehen könne, könnten in diesem Augenblick nicht zwei gleichzeitig wirksam werdende, einander widersprechende Verfügungen miteinander konkurrieren[35]. Eine Anwendbarkeit des Prioritätsprinzips auf den Konflikt zwischen einer Verfügung über ein bestehendes Recht und der Übertragung künftiger Rechte sei infolge der unterschiedlichen Rechtsqualität der Verfügungsgegenstände ausgeschlossen.

Gegen die Übertragung der These des Bundesgerichtshofes von der fehlenden Anwendbarkeit des Prioritätsprinzips auf das Thema der Arbeit bestehen Bedenken. So ist in den Ausführungen des BGH außer Betracht geblieben, daß dem Gesellschafter einer Personengesellschaft bereits während des Bestehens der Gesellschaft im Hinblick auf die zukünftigen Vermögensansprüche ein Anwartschaftsrecht zusteht. Hierin liegt bereits eine gegenwärtige Rechtsposition, die schon mit der Abtretung aus dem Vermögen des Zedenten ausgeschieden und als Vorstufe des Vollrechts unmittelbar in das Vermögen des Zessionars übergegangen ist. Zugleich ist der Zedent im Zeitpunkt der Übertragung des Anwartschaftsrechts verfügungsberechtigter Rechtsinhaber.

Des weiteren ist nicht einzusehen, weshalb der Umstand, daß die gesellschaftsrechtlichen Vermögensansprüche zur Zeit der Abtretung des Gesellschaftsanteils nicht bestanden, zwar zu Lasten des Zessionars, nicht aber auch zu Lasten des Anteilserwerbers wirken soll. Zur Zeit der Anteilsübertragung sind ja auch die Vermögensansprüche noch künftige Ansprüche. Zudem ist die Fragestellung des BGH fehlerhaft formuliert. Denn das Problem ist nicht, ob der Anteilserwerber die Mitgliedschaft erlangt. Selbstverständlich wird der Erwerber mit Vornahme des Verfügungsgeschäfts Inhaber der bestehenden Mitgliedschaft. Es geht allein darum, inwieweit sich die von ihm erworbene Mitgliedschaft ebenfalls auf die anderweitig abgetretenen künftigen Vermögensansprüche erstreckt. Denn insoweit könnte die erste Verfügung über die Vermögensansprüche zum Verlust der Verfügungsbefugnis geführt haben. Der Anteilserwerber wäre dann nur imstande, die vorausabgetretenen Ansprüche durch Rückerwerb wiederzuerlangen.

---

35 Schlegelberger-Geßler, 4. Auflage 1963, § 109 Anm. 16.

(2) Positiv rechtliche Grundlagen des Prioritätsprinzips

Für den Altgesellschafter hat sich gezeigt, daß er im Zeitpunkt der Erstverfügung an den Vorauszessionar ein Anwartschaftsrecht i. S. der üblichen Definitionen hatte. Nach dem Sprachgebrauch des BGB jedoch, das diesen Begriff grundsätzlich[36] nicht verwendet, sind auch die Verfügungen des Altgesellschafters über die (künftigen) Ansprüche auf den Gewinnanteil, das Auseinandersetzungs- oder Abfindungsguthaben Verfügungen eines Nichtberechtigten, die gem. § 185 Abs. 2 S. 1 Var. 2 BGB mit Forderungsentstehung wirksam werden, soweit dem nicht § 185 Abs. 2 S. 2 BGB entgegensteht. Nach § 185 Abs. 2 S. 2 BGB wiederum entscheidet sich die Konkurrenz der einander widerstreitenden Interessen des Vorauszessionars auf Erwerb der entstandenen Forderung und des Anteilserwerbers auf Erhalt einer vollständig werthaltigen Mitgliedschaft folgendermaßen: Soweit die den Vorauszessionar und den Anteilserwerber begünstigenden Verfügungen nicht miteinander in Einklang stehen, wird nur die frühere wirksam.

Gerade in der älteren Literatur[37] wurde durch eine unmittelbare Anwendung der positiven Bestimmung des § 185 Abs. 2 S. 2 BGB der Vorrang der früheren von zwei widersprechenden Verfügungen über dieselbe künftige Forderung begründet. In neuerer Zeit[38] wird dasselbe Ergebnis häufiger mit § 161 Abs. 1 BGB abgesichert.

Für die Zwischenverfügungen[39] eines Berechtigten, der zuvor aufschiebend bedingt über sein Recht verfügt hat, präzisiert § 161 Abs. 1 BGB den Prioritätsgrundsatz dahingehend, daß man von niemandem für

---

36 Eine Ausnahme stellt insofern der § 1587 o Abs. 1 S. 2 BGB dar. Mit dem Begriff des Anwartschaftsrechts will § 1587 o Abs.1 S. 2 BGB jedoch nicht auf eine allgemeine Anwartschaftslehre, sondern ganz konkret auf § 1587 b Abs. 1, Abs. 2 BGB verweisen, wo übrigens nicht von Anwartschaftsrechten, sondern "nur" von Anwartschaften die Rede ist. Das Gesetz verzichtet insoweit auf eine exakte Begriffsbildung und will mit der kumulierenden und alternierenden Erwähnung von Leistungen, Versorgungen, Versorgungsanwartschaften, Anrechten und Aussichten auf Versorgungen nur Gesetzeslücken vermeiden.

37 Dieckmann, JuS 61, 220; Lempenau, Diss., 69; Hahnzog, Diss., 24, 33; Larenz, SchR AT, § 34 III.

38 Hennrichs, JZ 1993, 225 ff., 228 f.; Münzberg, JZ 1989, 253, 254.

39 Der Begriff "Zwischenverfügung" kennzeichnet, daß der Zedent die abweichende Vorausverfügung noch in der "Schwebezeit" zwischen Erklärung der (Voraus-)Abtretung und Entstehung der Forderung vornimmt.

einen längeren Zeitraum Rechte herleiten kann, als er selbst Berechtigter wäre. Bei künftigen Rechten wird dem künftigen Erwerber nach ständiger Rechtsprechung[40] ein dem § 161 BGB entsprechender Schutz zugebilligt: Der Zedent bleibt derart gebunden, daß er die Erwerbsaussicht nicht durch gegenteilige Verfügungen verhindern kann. Zu prüfen bleibt somit, ob sich das aufdrängende Ergebnis, der Anteilserwerber erlange die vorausabgetretenen Ansprüche nur durch Rückerwerb wieder, aus § 185 Abs. 2 S. 2 BGB oder aus § 161 Abs. 1 BGB herleiten läßt. Unabhängig davon, welche der beiden Normen man als gesetzliche Grundlage für das Prioritätsprinzip ansieht, müßte es sich deshalb bei der Stammrechtsverfügung um eine gegenteilige Verfügung im Sinne dieser Normen handeln.

Voraussetzung für eine Verfügung ist, daß ein Rechtsgeschäft ein einzelnes subjektives Recht in seinem Bestand unmittelbar beeinflußt[41]. Gegenstand der späteren Anteilsübertragung ist die Stellung des Veräußerers im Gesellschaftsverhältnis, mithin mehrere subjektive Rechte und vor allem auch Rechtspflichten. Es handelt sich um ein Rechtsverhältnis (= Entstehungstatbestand), aus dem als "Quelle" (= Rechtsfolge) später die künftige Forderung auf den Gewinnanteil, das Auseinandersetzungs- oder Abfindungsguthaben, erwächst. Übertragungen derartiger Rechtsverhältnisse werden als sog. "mittelbare Verfügungen" grundsätzlich nicht als unvereinbar mit der Vorausabtretung angesehen[42]. Wollte man die Übertragung einer Rechtsgesamtheit als eine gegenteilige Verfügung i. S. der §§ 185 Abs. 2 S. 2, 161 Abs. 1 BGB ansehen, so gäbe man nicht nur die rechtssystematische Unterscheidung zwischen Entstehungstatbestand "Rechtsverhältnis" und Rechtsfolge "subjektives Recht" auf[43], sondern müßte auch Verfügungen zu Lasten Dritter anerkennen. Ein Blick auf eine interessante Parallele zum Problem der Untersuchung mag dies veranschaulichen: Dem Pächter P wird vom Eigentümer E unter Überlassung des Besitzes am Garten die Aneignung der Früchte gestattet. Anschließend überträgt der E das Eigentum am Grundstück durch Einigung und Eintragung gem. §§ 925, 873 BGB auf einen Dritten D[44]. Ist der D

---

40 BGHZ 32, 369; BGHZ 70, 86 (95); BGHZ 93, 71; BGH, WM 1988, 1800.

41 RGZ 90, 365, 399; BGHZ 75, 222, 226; Medicus, AT, Rdn. 208.

42 Münzberg, JZ 1989, 254 unter Hinweis auf das Problem der Erfüllungsablehnung durch den Konkursverwalter eines Eigentumsvorbehaltsverkäufers nach § 17 KO.

43 Hierzu insbesondere Hadding, in: Steindorff-FS, 31, 38, 42 f.

44 Der Fall wurde in stark vereinfachter Form BGHZ 27, 360 ff. nachgebildet.

als Rechtsnachfolger an die Gestattung gebunden oder muß die Gestattung von demjenigen erfolgen, der im Zeitpunkt des Eigentumserwerbs des Gestattungsempfängers zur Gestattung befugt ist?

Die Bestimmung der Rechtsfolgen im Falle der Kollision eines Eigentumswechsels an der Muttersache (= Stammrecht) mit der zuvor eingeräumten Aneignungsgestattung nach § 956 Abs. 1 BGB (= einzelnes subjektives Recht) ist schwierig[45]. Betrachtet man das Rechtsgeschäft der Aneignungsgestattung als reine Vorausübereignung künftiger Sachen, so geht es auch dort um den Schutz des Erwerbers künftiger Rechte gegen widersprechende (rechtsgeschäftliche) Verfügungen. Die Vorausverfügung kann nicht wirksam werden, wenn der Veräußerer das Eigentum an der Muttersache auf einen Dritten überträgt, ohne sich selbst eine Aneignungsgestattung vorzubehalten. In jedem Fall müßte sich der Gestattungsempfänger mit dem Erwerber der Muttersache neu einigen. Eine konkludente Einigung wird in der Übernahme der Verpflichtung des Veräußerers zu sehen sein. Wohl aber trifft den Erwerber im häufigsten Fall, der Pacht, die Verpflichtung zur Aneignungsgestattung kraft Gesetzes (§§ 571, 581); deshalb erscheint es auf den ersten Blick sachgerecht, auch einen gesetzlichen Übergang der Aneignungsgestattung anzuerkennen; ebenso bei beweglichen Sachen (z. B. Vieh), die nach § 930 oder § 931 BGB übereignet werden. Hier begründet § 986 Abs. 2 BGB zwar keinen Übergang des obligatorischen Verhältnisses, doch stünde der Vindikation der Früchte die Einwendung des Erwerbsberechtigten entgegen, daß er sie für immer behalten dürfe. Daher ist letztlich doch eine Bindung des neuen Eigentümers an die obligatorische Erwerbsgestattung sachgerecht. Praktisch geht also die Aneignungsgestattung nur dann auf den Rechtsnachfolger über, wenn ihn auch die entsprechende Verpflichtung trifft.

Versuche, eine Bindung des Erwerbers in entsprechender Anwendung des § 986 Abs. 2 BGB bei der Veräußerung über die genannten Fälle hinaus zu erzielen[46], überzeugen hingegen nicht. Mit Recht wird davor gewarnt, nicht (im Grundbuch) ersichtliche Belastungen über die Wer-

---

45 Die Auffassungen sind sehr geteilt; vgl. Heck, Sachenrecht, § 63, 6; Westermann, Sachenrecht, § 57 III 2 d; Wolff-Raiser, § 77 IV 6; Baur-Stürner, Sachenrecht, § 53 e V 2c cc.

46 Hierfür insbesondere Wolff-Raiser a. a. O.

tung der §§ 581 Abs. 2, 571 BGB hinaus anzuerkennen[47]. Die Aneignungsgestattung zu einem beschränkt dinglichen Recht zu erheben, ist nicht legitim. Nur eine vom Gesetz statuierte Verdinglichung obligatorischer Verhältnisse kann eine Bindung des Rechtsnachfolgers an die Aneignungsgestattung erzeugen. Eine allgemeine Bindung des Erwerbers hatte der Gesetzgeber jedenfalls nicht bezweckt[48]. Der Auffassung, wonach der Anteilserwerber bei der Vorausabtretung der Vermögensansprüche keinen vollwertigen Anteil erhalte, mangelt es demnach an begrifflicher und normzweckorientierter Überzeugungskraft.

Als Momentaufnahme bleibt demnach die Erkenntnis, daß sich für die Erosion des Prioritätsprinzips durch die Rechtsprechung vom Vorrang der Stammrechtsverfügung gute dogmatische Ansätze und Interessengesichtspunkte finden lassen. In dieser Erkenntnis sollte man jedoch nicht verharren, da die Rechtsprechung im Sinne des Dogmas vom Vorrang der Stammrechtsverfügung einer Gestaltungsfreudigkeit der Gerichte entspricht, die mit zunehmender Überalterung der Gesetze[49] mehr Verantwortung bei der Gestaltung des Rechts übernehmen. Es handelt sich mit anderen Worten um einen Akt richterlicher Rechtsfortbildung, für den eine zurückhaltende Vorgehensweise geboten ist. Diese erfordert in erster Linie eine strikte Verhältnismäßigkeitsbindung der Gerichte und daneben eine gründliche Folgenanalyse. Ob das Dogma vom Vorrang der Stammrechtsverfügung mit seinem "Alles oder Nichts"-Prinzip dem gerecht wird, erscheint mehr als fraglich[50].

(3) Kritik und eigener Lösungsansatz

(a) Verfassungsrechtliche Einwände gegen das Dogma vom Vorrang der Stammrechtsverfügung

Die Rechtsprechung zum Vorrang der Stammrechtsverfügung erweckt Bedenken, weil sie lenkend in das Marktgeschehen eingreift. Ihre gezielte Verteilung von Kreditsicherheiten bedeutet eine weitreichende Steue-

47 Heck a. a. O.

48 Motive III, 368 f.

49 Vgl. oben Seiten 79, 80.

50 Im Ansatz ähnlich Marotzke, ZIP 1988, 1518, der von harten Pauschallösungen spricht.

rung kreditwirtschaftlicher Abläufe. Die richterlichen Eingriffe in das Marktgeschehen stellen dabei einen Fremdkörper in der marktwirtschaftlichen Ordnung dar, der der verfassungsrechtlichen Rechtfertigung bedarf. Zwar ist der Staat grundsätzlich zu weitgehenden Eingriffen in den Wirtschaftsprozeß befugt, ohne dabei an marktwirtschaftliche Instrumentarien gebunden zu sein[51]. Die Gestaltungsfreiheit endet jedoch an den Grundrechten[52].

Indem der BGH die Abtretung der in § 717 S. 2 BGB genannten Vermögensansprüche gemäß dem Dogma vom Vorrang der Stammrechtsverfügung für unwirksam erachtet, greift er in subjektiv-grundrechtliche Schutzbereiche ein. Beim Zessionar der Vermögensansprüche wird die Vertragsfreiheit nach Art. 2 Abs. 1 GG eingeschränkt und auch der Zedent kann sich auf subjektiven Grundrechtsschutz berufen. Ihm wird durch die Beschneidung der Besicherungsmöglichkeiten die Kreditaufnahme bei Banken erschwert. So wird in seine durch Art. 14 GG geschützte Eigentümerposition und seine nach Art. 2 Abs. 1 GG geschützte Vertragsfreiheit eingegriffen. Die Unwirksamkeit der Vorausabtretung der gesellschaftsrechtlichen Einzelansprüche ist als Einschränkung subjektiver Grundrechtsberechtigungen streng am Verhältnismäßigkeitsgrundsatz zu messen.

Der Ausgleich von individuellem ökonomischem Entfaltungsstreben und richterlicher Wirtschaftslenkung ist danach nur dann verfassungsgemäß, wenn er den Geboten der Geeignetheit, der Erforderlichkeit und der Verhältnismäßigkeit im Sinne des Übermaßverbots entspricht. Die Zielsetzung, die Verkehrsfähigkeit von Gesellschaftsanteilen abzusichern und zu fördern, ist in concreto der Zweck, und die Unwirksamkeit der kollidierenden Vorausabtretung an den Erstzessionar das Mittel, welches auf seine Geeignetheit, Erforderlichkeit und Verhältnismäßigkeit zu untersuchen ist. Die Wahrung der Verhältnismäßigkeit verlangt zunächst die Prüfung der Erforderlichkeit des Eingriffs.

Die Erforderlichkeit ließe sich bejahen, wenn der Eingriff zur Wahrung des objektiv-rechtlichen Schutzgehalts entweder der Grundrechte des Stammrechtserwerbers oder zur Sicherung der Vertragsfreiheit des Zedenten geboten wäre.

---

51 BVerfGE 4, 7 (17f.); Rittner, Wirtschaftsrecht, 2. Auflage 1987, 32 f.
52 BVerfGE 4, 7 (18).

Die Freiheit des Eigentums (Art. 14 Abs. 1 GG), die Berufsfreiheit (Art. 12 Abs. 1 GG) und die Vertragsfreiheit (Art. 2 Abs. 1 GG) können nicht als ausreichende Schutzgrundlagen der Position des Stammrechtserwerbers herangezogen werden.

Denn das Ziel der Theorie vom Dogma der Stammrechtsverfügung besteht darin, dem Stammrechtserwerber den Erwerb der vorausabgetretenen Forderungen zu sichern. Die Erwerbssicherung gehört aber grundsätzlich nicht zum grundrechtlichen Schutzgehalt[53]. Ein Eingreifen der vom BVerfG zugelassenen Ausnahmen scheidet bei der streitigen Problemkonstellation aus. Die Erforderlichkeit eines Grundrechtseingriffs zum Schutz des Stammrechtserwerbers läßt sich sonach nicht feststellen.

Seitens des Kreditnehmers/Zedenten könnte als objektiv-grundrechtlicher Schutzgehalt die Vertragsfreiheit nach Art. 2 Abs. 1 GG in Betracht kommen, wenn diese durch die Vorausabtretung des gesellschaftsrechtlichen Einzelanspruchs an den Geldkreditgeber/Erstzessionar beeinträchtigt wird. Eine solche Beeinträchtigung kann aber – wie oben dargelegt – kaum festgestellt werden. Geht man davon aus, daß der Zedent/Gesellschafter die Abtretung vornehmen will, die seinen Interessen am besten entspricht, so ist die Abtretung an den Erstzessionar eher gewollt. Wenn aber die Abtretung an den Erstzessionar den Interessen des Zedenten besser entspricht, so liegt darin keine Beeinträchtigung seiner Vertragsfreiheit. Diese kann sogar eher durch eine Übertragung an den Stammrechtserwerber als beeinträchtigt angesehen werden.

Der Eingriff in die Grundrechte des Geldkreditgebers und des Zedenten ist danach schon wegen eines fehlenden grundrechtlichen Schutzauftrags nicht erforderlich.

(b) Ökonomische Analyse der Rechtsprechung zum Vorrang der Stammrechtsverfügung

Des weiteren zeigt eine Analyse der Judikatur unter ökonomischen Gesichtspunkten, daß das Dogma vom Vorrang der Stammrechtsverfügung ungünstige Auswirkungen auf den Kreditmarkt hat. Methodisch erweist sich hier ein Defizit in der Interessenabwägung. Gerade diese ökonomischen Konsequenzen lassen eine Abkehr vom eingeschlagenen Weg und

53 BVerfGE 45, 272 (296); BVerfGE 78, 205 (211).

eine jedenfalls partielle Rückkehr zum Prioritätsprinzip als angebracht erscheinen. Darauf ist im folgenden näher einzugehen.

Die Rechtsprechung vom Vorrang der Stammrechtsverfügung entzieht dem ersten Geldkreditgeber ein bestimmtes Quantum an Kreditsicherungsmitteln und reserviert es für den Erwerber des Anteils, der diesen sich – häufig ebenfalls für Sicherungszwecke – nachträglich hat einräumen lassen. Forderungen i. S. des § 717 S. 2 BGB kann der Zessionar der gesellschaftsrechtlichen Einzelansprüche danach nur noch insoweit beanspruchen, als sie nicht vom vorrangigen Sicherungsstreben des Anteilserwerbers erfaßt wurden. Durch diesen Wettbewerbseingriff werden diejenigen bevorzugt, die sich zeitlich nachrangig das umfangreichere Sicherungspotential haben einräumen lassen. Die kreditgewährenden Banken können den Wert einer Abtretung der gesellschaftsrechtlichen Einzelansprüche nicht mehr beurteilen, da sie nicht damit rechnen können, im Verwertungszeitpunkt auch Gläubiger der jeweiligen Einzelansprüche zu sein. Sie werden in sämtlichen Bereichen, in denen eine Kollision mit Krediten möglich ist, die eine Abtretung des Anteils sichert, nicht mehr auf den Einsatz einer Abtretung der künftigen Gewinn-, Abfindungs- und Auseinandersetzungsansprüche zur Reduzierung von Unsicherheiten[54] und zur Senkung der Kreditzinsen zurückgreifen können. Gerade das Fehlen einer Möglichkeit zur Senkung der Kreditzinsen wird auf Dauer dazu führen, daß sich nur noch "schlechte" Risiken einfinden, die für die Vorauszessionare unattraktiv sind. Der Kreditantragssteller, der ein "gutes" Risiko bietet, dieses aber nicht vermitteln kann, wird eher auf einen teueren Kredit verzichten als derjenige mit "schlechtem" Risiko. Wenn Kredite für "gute" und für "schlechte" Risiken gleich viel kosten, bezahlen die "guten" Kreditnehmer die Ausfallkosten der "schlechten" mit. Für letztere ist der Ertrag aus der Kreditaufnahme höher. Sie werden bei steigenden Zinskosten weiter zur Kreditaufnahme bereit sein. Für die Kreditnehmer mit geringen Ausfallrisiken ist die Erwartung des Nettonutzens aus der Kreditverwendung nach Abzug der Kreditkosten bei Zinsen, die für alle Risiken gleich hoch sind, u. U. so gering, daß auf Dauer über höhere Zinsen der umgekehrte Auswahleffekt eintritt (sog. adverse selection effect)[55]. Durch die infolge der Rechtsprechung vom Vorrang der Stammrechtsverfügung bedingten höheren Zin-

54 Zur ökonomischen Funktion der Kreditsicherheiten; vgl. oben Seite 76.

55 Dorndorf/Frank, ZIP 1985, 73.

sen werden also die guten Risiken ausgeschieden mit der langfristigen Folge einer Verringerung des Kreditmarktvolumens und der dadurch ausgelösten Einbuße an Produktions- und Handelstätigkeit. Verstärkt werden diese Effekte des weiteren dadurch, daß die Forderungen, die die Vorauszessionare noch erlangen, umfangmäßig schwer bestimmbar und mehr eine zufällige Sicherung als eine verläßliche Größe sind, die das Kreditrisiko minimiert.

Im Ergebnis bleibt also festzuhalten, daß die Rechtsprechung vom Dogma des Vorranges der Stammrechtsverfügung kreditwirtschaftlich ineffizient ist.

(c) Eingeschränkte Prioritätslösung; Einheit von Gestaltungsbefugnis und Rechtsinhaberschaft

Wägt man nun die Argumente für eine konsequente Beibehaltung des Dogmas vom Vorrang der Stammrechtsverfügung (Verbot der Verfügung zu Lasten Dritter, Wortlaut des § 185 Abs. 2 S. 2 BGB) gegen die soeben für eine strikte Geltung des Prioritätsprinzips hervorgebrachten Gründe ab, so läßt sich allein aufgrund der bisher dargelegten Argumentationsbasis kein eindeutiges Urteil fällen. Hierzu ist eine erneute Inaugenscheinnahme des Ordnungsgedankens der Prioritätslösung erforderlich.

Die rechtshistorischen Grundlagen des Prioritätsprinzips im Mühlenrecht des späten Mittelalters lassen erkennen, daß das Prioritätsprinzip auf die Evidenz der Ordnung für die Rechtsunterworfenen abzielte: Die gewohnheitsrechtliche Entstehung der Prioritätsregel hängt zusammen mit der technik- und wirtschaftsgeschichtlichen Entwicklung des Mühlenwesens, und zwar mit dem Aufkommen der öffentlichen Kundenmühle. Die Benutzungsregel nach der Zeitfolge bedeutet, das es weder Voranmeldungen noch Privilegien geben soll, sondern jeder zu warten hat, bis er an der Reihe ist.

Ein genereller Vorrang der Vorausabtretung der Ansprüche aus § 717 S. 2 BGB vor späteren Anteilsübertragungen hätte zur Folge, daß der Anteilserwerber im Fall der Vorausabtretung des Auseinandersetzungs- und Abfindungsguthabens gerade infolge seiner Gutgläubigkeit den wirtschaftlichen Wert der Mitgliedschaft verlöre. Er wird nämlich den Auseinandersetzungsanspruch durch die Kündigung nach § 723 Abs. 1 BGB nur dann für den Zessionar zum Entstehen bringen, wenn er um die Vorausabtretung nicht wußte. Bei Bösgläubigkeit hingegen wird er sich den wirtschaftlichen Wert der Mitgliedschaft insofern erhalten, als er die Gesellschaft nicht kündigt und den Anspruch auf fortlaufende Gewinnauszahlung geltend macht. Ins Negative gewendet läßt sich hierin ein Ausschluß der zwingenden Kündigungsbefugnis des Anteilserwerbers sehen, der nach § 723 Abs. 3 BGB unwirksam ist. Der Zweck des Prioritätsprinzips – evident gerecht zu ordnen – paßt demnach nicht uneingeschränkt auf alle vorausabgetretenen Vermögensansprüche.

Sieht man für den Fall späterer Anteilsübertragungen in der von § 723 Abs. 3 BGB geforderten Einheit von Gesellschafterstellung und Gestaltungsbefugnis die Legitimationsbasis für eine Inhaltskontrolle von Vorausabtretungsklauseln, so liegt eine hinsichtlich der vorausabgetretenen Ansprüche differenzierende Lösung nahe, die der Evidenzlösung des Prioritätsprinzips Rechnung trägt: In Anbetracht der Auseinandersetzungs- und Abfindungsansprüche erlangt der Anteilserwerber die Gläubigerstellung, da sich seine vorrangige Schutzwürdigkeit aus der Tatsache ergibt, daß sein Verhalten, nämlich die Kündigung der Gesellschaft, für das Entstehen der Auseinandersetzungs-/Abfindungsforderung maßgeblich ist. Die Gewinnansprüche indes wird man dem Vorauszessionar zubilligen müssen.

Dafür läßt sich zunächst anführen, daß der Einfluß des Anteilserwerbers auf die Ausschüttung des Gewinns und seine konkrete Höhe marginal bis überhaupt nicht existent sein kann. Des weiteren spricht eine institutionelle Betrachtung der Einzelansprüche als Sicherungsrechte gegen eine uneingeschränkte Geltung des Dogmas vom Vorrang der Stammrechtsverfügung auch in bezug auf Gewinnansprüche. Insoweit liegt ebenfalls eine partielle Rückkehr zum Prioritätsprinzip nahe.

Der Bundesgerichtshof, der unter Zugrundelegung des Dogmas vom Vorrang der Stammrechtsverfügung den Anteilserwerber auch in die Gläubigerstellung hinsichtlich der Gewinnansprüche einrücken läßt, stellt die in § 717 S. 2 BGB genannten Einzelansprüche insgesamt außerhalb der Handelbarkeit. Ihre Funktion als Kreditsicherungsmittel im Wege einer Sicherungsvorausabtretung an den Kreditgeber, ihre Verkehrsfähigkeit, entfällt. Die Konsequenz ist eine Verringerung des Kreditmarktvolumens, die in Zeiten zunehmender Fremdfinanzierung nicht nur anachronistisch wirkt, sondern ökonomisch widersinnig ist. Will man gesellschaftsrechtliche Einzelansprüche dem Kreditmarkt nicht entziehen, d. h. ihre institutionelle Funktion als Sicherungsgegenstand wahren, dann muß man sichern, daß jedenfalls ein Ausschnitt aus der Gesamtheit der Einzelansprüche den kreditgewährenden Vorauszessionaren zur Verfügung steht. Das *Zwischenergebnis* meiner Überlegungen ist somit, daß der Zessionar lediglich den Gewinnanspruch, nicht jedoch die Ansprüche auf das Auseinandersetzungs-/Abfindungsguthaben erwirbt.

Ein Abgehen von der Kontinuität der Rechtsprechung zum Vorrang der späteren Anteilsübertragung vor einer früheren Abtretung des künftigen Gewinnanspruchs darf jedoch nur ausnahmsweise erfolgen. Wie der Große Senat für Zivilsachen des Bundesgerichtshofs[56] ausdrücklich hervorgehoben hat, treten im Falle der durch höchstrichterliche Rechtsprechung gefundenen Gesetzesauslegung die Rechtswerte der Rechtssicherheit und des Vertrauensschutzes in den Vordergrund und verlangen im allgemeinen ein Festhalten an der einmal eingeschlagenen Rechtsentwicklung. Nur dann dürfe von einer gefestigten höchtsrichterlichen Rechtsprechung abgewichen werden, wenn "deutlich überwiegende Gründe" gegen sie sprechen[57]. Die bisher dargebrachten Gründe gegen einen Erwerb des vorausabgetretenen Gewinnanspruchs durch den Anteilszessionar machen indes eine Abweichung von der bisherigen Rechtsprechung allein dann unumgänglich, wenn sich das Präjudiz vom Vorrang der Stammrechtsverfügung vor der Vorausabtretung der Gewinnansprüche, gemessen an der gegenwärtigen Rechtsordnung und ihrer methodischen Anwendung, auf die gesamte gegenwärtige Realität als falsch erweist. Die vorausabgetretenen Gewinnansprüche mit der Rechtsprechung dem späteren Anteilserwerber zukommen zu lassen ist jedoch nur dann nachweislich falsch, wenn sich für sie keine triftigen Gründe finden lassen. Ob dies der Fall ist, läßt sich nur aufgrund weitergehender Untersuchungen entscheiden, da für einen zusätzlichen Schutz des Anteilserwerbers auch gegenüber Vorausabtretungen der Gewinnansprüche über die im vorstehenden widerlegten Begründungen hinaus weitere Sachargumente geltend gemacht werden.

So wird vertreten, für die vorausabgetretenen Gewinnansprüche sei eine Ausnahme vom Prioritätsprinzip bei gutgläubigem Anteilserwerb gerechtfertigt, wenn der neue Gesellschafter bei seinem Erwerb von der zuvor erfolgten Gewinnabspaltung nichts wußte (hierzu gleich unter 2.). Mit Rücksicht auf die Funktionsfähigkeit des Personengesellschafts-

56 BGHZ – GS – 85, 64.
57 BGHZ – GS – a. a. O.; BGHZ 87, 155 f.

rechts könne überdies eher darauf verzichtet werden, daß Personen, die an der Gesellschaft sonst nicht beteiligt sind, sich isoliert den Gewinnanspruch abtreten lassen, als Gesellschaftsanteile hinzunehmen, die dem betreffenden Gesellschafter auf Dauer eine Teilnahme am Gewinn vorenthielten (hierzu unten 3. und 4.).

2. *Die Regeln des gutgläubigen Erwerbs als Basis für die Gewährleistung der Verkehrsfähigkeit von Gesellschaftsanteilen*

Die dem Lösungsansatz der Untersuchung zugrundeliegende Prioritätsregel kann durch einen Weg überwunden werden: den gutgläubigen Erwerb vom Nichtmehrberechtigten[58]. Zu untersuchen bleibt, ob man deshalb dem Neugesellschafter helfen und auf seinen "guten Glauben" abstellen kann, so daß er die Vorausabtretung des Gewinnanspruchs nur dann gegen sich gelten lassen muß, wenn er bei seinem Anteilserwerb von der im Vorwege erfolgten Gewinnabspaltung wußte (oder grob fahrlässig nicht wußte). Ausgangspunkt für die Beantwortung dieser Frage ist die für eine Durchbrechung des Prioritätsprinzips bei gutgläubigem Zweiterwerb maßgebende Wertentscheidung.

Die Durchbrechung des an sich logischen Prioritätsprinzips durch den Redlichkeitsschutz erfolgt regelmäßig aufgrund einer Wertentscheidung, wonach dem Zweiten wegen seines guten Glaubens an einen Rechtsschein trotz seiner Posteriorität der Vorrang gebührt: Der Rechtsschein ist regelmäßig vom Ersterwerber veranlaßt. Er verzichtet z. B. auf die sofortige Inbesitznahme einer Sache und ermöglicht so dem Veräußerer weitere Verfügungen.

In der Konstellation einer Vorausverfügung über den gesellschaftsrechtlichen Gewinnanspruch und nachfolgender Übertragung des gesamten Gesellschaftsanteils haben Erst- und Zweiterwerber in der Mehrzahl der Fälle dem Veräußerer in gleicher Weise vertraut. So ging der Anteilserwerber davon aus, daß die Mitgliedschaft vollwertig sei, während der Zessionar des Gewinnanspruchs regelmäßig darauf vertraute, der Zedent werde im Zeitpunkt der Anspruchsentstehung noch Gesellschafter sein. Das Beispiel, welches das Gesetz für die Kollision von Rechten be-

58 Lempenau, Diss., 69; Marotzke, ZIP 1988, 1516; Wacke, JA 1981, 94, 96; Walz, KritV 1990, 398.

reithält, wenn Erst- und Zweiterwerber dem Veräußerer in gleicher Weise vertraut haben, ist der Fall widerspruchsvoller Sicherungsübereignungen. Praxisrelevant werden sie, wenn ein Eigentumsvorbehaltskäufer das Vorbehaltsgut an zwei voneinander nicht wissende Banken sicherungsübereignet. Nach §§ 930, 933 BGB gewinnt, wer zuerst den Besitz erlangt, ohne daß es auf die Zeitfolge der Einigungen nach § 929 BGB ankommt. Für den Redlichkeitsschutz entscheidet danach der Zeitpunkt der Vornahme des erkennbaren Publizitätsaktes[59], der im Fall der Vorauszession des Gewinnanspruchs fehlt. Sonach gibt das Beispiel für das Thema der Arbeit nichts her.

Wo gutgläubiger Erwerb grundsätzlich ausscheidet, wie bei der Forderungszession oder bei kraft Gesetzes entstehenden Rechten (Vermieterpfandrecht und Werkunternehmerpfandrecht, §§ 559 ff., 647 BGB), entscheidet sich der Konflikt überwiegender Auffassung zufolge nach dem reinen Prioritätsprinzip. Ganz im Sinne des hier vertretenen Lösungsansatzes erwürbe der Anteilskäufer danach einen um die vorauszedierten Vermögensansprüche "entkleideten" Gesellschaftsanteil.

Belastungen eines subjektiven Gesellschafterrechts sind indes dinglich konstruiert, so daß sie prinzipiell gegen jeden Inhaber des subjektiven Gesellschafterrechts wirken; gleichzeitig aber kann der Verkehr sie nicht erkennen. Wenn ein Erwerber eines Gesellschaftsanteils von vornherein mit derart schwerwiegenden Abspaltungen rechnen müßte, dann würde er sich auf das Geschäft nicht einlassen. Die Verkehrsfähigkeit der Gesellschaftsanteile wäre passé. Um dem hinsichtlich der Vorausabspaltung des Gewinnanspruchs gutgläubigen Anteilserwerber zu helfen, befürworten daher Teile der Literatur eine Ausnahme vom Prioritätsprinzip durch eine analoge Anwendung grundstücksrechtlicher Gutglaubensvorschriften und gewährleisten so die Verkehrsfähigkeit der Gesellschaftsanteile. Dem liegt die Wertung zugrunde, daß im Hinblick auf die Funktionstüchtigkeit unseres Gesellschaftsrechts eher darauf verzichtet werden kann, daß Personen, die an der Gesellschaft sonst nicht beteiligt sind, sich Gewinnansprüche isoliert abtreten lassen, als den Verlust der Ver-

59 Für den redlichen Erwerb vom Nichtberechtigten stellt das BGB erhöhte Publizitätsanforderungen auf; vgl. Wacke, Das Besitzkonstitut als Übergabesurrogat in der Rechtsgeschichte und Rechtsdogmatik (1974), 43 ff.

kehrsfähigkeit der Gesellschaftsanteile in Kauf zu nehmen. Gedacht wird ausschließlich an eine analoge Anwendung des § 573 S. 1 BGB[60].

a. Die analoge Anwendung des § 573 S. 1 BGB zugunsten des hinsichtlich der Vorausabtretungen von Gewinnansprüchen gutgläubigen Anteilserwerbers

Nach § 571 BGB tritt derjenige, der ein vermietetes Grundstück zu Eigentum erwirbt, kraft Gesetzes in die Vermieterstellung des bisherigen Eigentümers ein. Die derart mit dem Grundeigentum verbundene Vermieterstellung läßt sich in bezug auf die künftigen Mietzinsforderungen als Stammrecht auffassen. Das lenkt den Blick auf die Frage, wie es um die Rechte des Grundstückserwerbers bestellt ist, wenn sein Vorgänger die von dem "Stammrecht" abspaltbaren Mietzinsansprüche bereits anderweitig veräußert hatte. Die Antwort gibt § 573 BGB. Nach dieser Vorschrift hängt der Schutz des neuen Vermieters davon ab, ob er im Zeitpunkt seines Eigentumserwerbs von der Abtretung der Mietforderungen für künftige Zeiträume wußte: Im ersten Fall muß er die Abtretung uneingeschränkt gegen sich gelten lassen (§ 573 S. 2 BGB), im zweiten nur hinsichtlich des Mietzinses für die Vergangenheit und für den zur Zeit seines Eintritts laufenden Kalendermonats. Geschützt wird der die Vermieterstellung erwerbende Dritte also nur in puncto der künftigen Früchte seines Erwerbs; und selbst dieser Schutz hängt davon ab, daß er von der Vorausabtretung nichts wußte.

Fragt man nun danach, ob dem Neugesellschafter trotz unbekannt gewesener Vorausverfügungen über den abspaltbaren Gewinnanspruch mit einer analogen Anwendung des ersten Satzes von § 573 BGB geholfen werden kann, so wird man zweifeln müssen.

(1) Planwidrige Regelungslücke

Voraussetzung für die analoge Anwendung einer Rechtsnorm ist zunächst das Vorliegen einer unbeabsichtigten Regelungslücke. Denn wenn der Gesetzgeber die Fallgruppe bewußt nicht in den Wirkungsbereich der Norm einbezogen hätte, wäre kein Raum für einen gegenteiligen Schritt[61].

---

60 Fischer, ZHR 130 (1969), 359 ff.; Marotzke, ZIP 1988, 1509 ff., insbesondere 1516 f.

61 Tettinger, Juristische Arbeitstechnik, 149.

Ob aber eine bewußte Ausklammerung erfolgt ist oder ein Regelungsdefizit einfach übersehen wurde, bedarf sorgfältiger Untersuchung.

Die gesellschaftsrechtlichen Bestimmungen des BGB enthalten keine dem § 573 BGB im Regelungsgehalt entsprechende Vorschrift[62]. Dies erklärt sich daraus, daß das BGB nach § 717 S. 2 nur die isolierte Abtretung der Vermögensansprüche erlaubt, die Übertragbarkeit des Gesellschaftsanteils nach §§ 717 S. 1, 719 jedoch für ausgeschlossen hielt. Erst mit der Entscheidung des BGH von 1954[63], wonach Anteile an Personengesellschaften mit dem Einverständnis der Mitgesellschafter übertragen werden können, wurde das Thema der Arbeit vorstellbar und regelungsbedürftig.

Da das BGB die Konstellation der Untersuchung offenbar nicht bedacht hat[64], ist es methodisch unbedenklich, an eine analoge Anwendung des § 573 BGB zu denken, sofern eine Rechtsähnlichkeit zwischen dem nicht geregelten Fall eines gutgläubigen Anteilserwerbs und den von § 573 S. 1 BGB erfaßten Fällen zu bejahen ist, die eine Übernahme dieser Regelung auf erstere Fälle erfordert[65].

(2) Rechtsähnlichkeit eines gutgläubigen Anteilserwerbs nach Vorausabtretung des Gewinnanspruchs und der in § 573 BGB geregelten Interessenkollision

Für eine Analogie spricht, daß der Neugesellschafter ebenso wie der kraft Gesetzes die Vermieterstellung übernehmende neue Grundstückseigentümer nicht nur in die Rechts-, sondern auch in die Pflichtenstellung seines Vorgängers einrückt; er verdient deshalb wie der Grundstückserwerber einen gewissen Schutz dagegen, durch vor seinem Erwerb vorgenommene und ihm bei seinem Erwerb unbekannt gewesene Vorausverfügungen des Veräußerers um die Früchte seiner künftigen Pflichterfüllung gebracht zu werden[66]. Eine analoge Anwendung des

62 Marotzke, ZIP 1988, 1519.

63 BGHZ 13, 179 ff.

64 Entsprechendes gilt für das HGB (vgl. dessen auf das BGB verweisende §§ 105 Abs. 2, 161 Abs. 2).

65 Bartholomeycik, Die Kunst der Gesetzesauslegung, 83 spricht hier von der Gewinnung des "analogen Obersatzes"; Diederichsen, Die BGB-Klausur, 146 ff.

66 Fischer, ZHR 130 (1969), 359, 364 (nur für Gewinnansprüche); Marotzke, ZIP 1988, 1509, 1518/9.

§ 573 S. 1 BGB auf die Fallgruppe eines Anteilserwerbs ohne Kenntnis des Erwerbenden von der fehlenden Vollwertigkeit des Rechts kommt jedoch allein dann in Frage, wenn die Vorschriften der §§ 573 f. BGB ausschließlich den Interessen des Grundstückserwerbers dienen. Anderenfalls läge mangels intendierten Verkehrsschutzes keine Gutglaubensvorschrift und somit keine Rechtsähnlichkeit der betreffenden Fälle vor. Regelungsziel und Schutzinhalt der §§ 573 f. BGB sind unklar. So wird vom angeblich bezweckten Schutz des Grundstückserwerbers[67], über das Ziel eines Schutzes des durch die Verfügung des Veräußerers begünstigten Dritten[68], bis hin zum Schutz des Mieters[69] oder Vermieters (Veräußerers) alles Erdenkliche vertreten[70].

Die Entscheidung, welcher Ansicht man folgt, ist eng mit der Vorfrage verknüpft, ob aus der Regelung des Vermieterwechsels in den §§ 571 ff. BGB ein Vorrang der Eigentumsübertragung am Grundstück gegenüber der Vorausabtretung der einzelnen Mietzinsforderungen hergeleitet werden kann.

Jene, die in § 573 S. 1 BGB eine Gutglaubensvorschrift zugunsten des Grundstückserwerbers sehen, verneinen dies entschieden. Nach § 573 S. 1 BGB müsse der Grundstückserwerber die sogenannten "Vorausverfügungen" des Veräußerers ohne die im vorhergehenden Satz festgelegte zeitliche Grenze nur dann gegen sich gelten lassen, wenn er sie bereits zur Zeit des Eigentumserwerbs gekannt hat. Auf diese Kenntnis könne es nicht ankommen, wenn der neue Eigentümer die sich auf künftige Mietzeiträume erstreckenden Forderungen grundsätzlich unabhängig von Vorausverfügungen seines Vorgängers erwerben solle. In diesem Fall wäre die Norm des § 573 BGB nicht nur überflüssig, sondern systemwidrig, da die Gutgläubigkeit des Erwerbers die a priori unwirksame Verfügung nicht noch ein Stück unwirksamer machen könne[71]. Diese Argumentation ist eine geradezu klassische petitio principii, da der Interpretation des § 573 BGB als Gutglaubensvorschrift ein Verständnis der Vorausverfügung über die Mietzinsansprüche zugrundeliegt (Grundsatz: Wirksamkeit der Vorausverfügung über die Mietzinsansprüche), das

---

67 Esser-Weyers, BT § 22. 4.

68 RGRK-Gelhaar § 573 Rdn. 2; Soergel-Kummer § 573 Rdn. 3.

69 Palandt-Putzo § 573 Rdn. 1.

70 Vgl. Hahnzog, Diss., 12; Enneccerus- Lehmann, Recht der Schuldverhältnisse, 15. Auflage, § 133 III, 542 f.

71 Müller, ZIP 1994, 349.

durch eine Interpretation des § 571 I BGB auf der Grundlage des § 573 BGB erst begründet wird.

Der Gesetzessystematik folgend befindet sich in § 571 BGB der Grundsatz[72], der ohne Seitenblick auf die Norm des § 573 BGB zu bestimmen ist. Danach ergibt sich folgendes: § 571 I BGB ordnet den unmittelbaren Eintritt des Grundstückserwerbers in das Mietverhältnis kraft Gesetzes als Folge und ab dem Zeitpunkt des Eigentumserwerbs an. Der Grundstückserwerber ist aber hinsichtlich der mietvertraglichen Rechte und Pflichten nicht Rechtsnachfolger des Veräußerers. Infolge des Überganges des Mietverhältnisses auf den Erwerber stehen die Mietzinsansprüche, die die Zeit betreffen, während der der Erwerber aufgrund des § 571 BGB dem Mieter den Gebrauch zu gewähren hat, nicht dem ursprünglichen Vermieter, sondern dem Erwerber des Grundstücks als demjenigen zu, der jetzt die Stellung des Vermieters hat[73]. Die Rechts- und Verfügungsmacht über die nach seinem Grundstückserwerb entstehenden Mietzinsansprüche steht allein ihm, dem Erwerber des Grundstücks, zu. Vorausverfügungen des alten Vermieters über derartige Mietzinsansprüche sind daher als Verfügungen eines Nichtgläubigers grundsätzlich unwirksam[74].

Ist dies richtig, dann wird die Rechtsfolge unwirksamer Vorausverfügungen durch § 573 BGB lediglich abgemildert. Ob die Bestimmung des § 573 BGB zu diesem Zweck denjenigen schützt, zu dessen Gunsten der Vermieter – auf Kosten des Grundstückserwerbers – verfügt hat oder den Mieter, kann im Rahmen einer Untersuchung des Dogmas vom Vorrang der Stammrechtsverfügung unentschieden bleiben. Denn auch wenn § 573 S. 1 BGB den Mieter schützt, wofür die Protokolle sprechen[75], handelt es sich bei § 573 S. 1 BGB mangels Anknüpfung an einen Rechtsschein um keine Gutglaubensvorschrift, so daß eine Rechtsähnlichkeit zwischen dem Erwerb eines Anteils ohne Wissen um dessen Vollwertigkeit und dem Fall des § 573 S. 1 BGB ausscheidet.

Zweifeln begegnet die Diskussion über die Analogiefähigkeit des § 573 S. 2 BGB auch insofern, als sie auf der Annahme basiert, es hande-

---

72 AlternKomm.-Derleder § 573 Rdn. 1.

73 Jauernig-Teichmann §§ 573, 574 Rdn. 1.

74 Staudinger-Emmerich § 573 Rdn. 1.

75 Nach Prot. II/146 sollte eine Mitteilung an den Erwerber den Mieter vor Doppelinanspruchnahme sichern, wenn er von dem bevorstehenden Eigentumsübergang erfährt.

le sich bei der Abtretung der Mietzinsforderungen für die Zeit nach dem Übergang des Eigentums am Grundstück um eine Vorausabtretung, die der Abtretung des gesellschaftsrechtlichen Gewinnanspruchs vergleichbar sei. Während die Mietzinsansprüche nach Entstehungszeitpunkt und Höhe feststehen, ist der im konkreten Streitfall maßgebliche Gewinnanspruch noch gänzlich ungewiß[76]. Mangels Analogiefähigkeit des § 573 S. 1 BGB scheidet ein Vorrang des hinsichtlich der Vorausabtretungen von Gewinnansprüchen gutgläubigen Stammrechtserwerbers aus.

b. Teilergebnis

Läßt sich somit beim Thema der Arbeit durch eine Analogie grundstücksrechtlicher Gutglaubensvorschriften keine Ausnahme zur Geltung des Prioritätsprinzips herleiten, dann bleibt zu prüfen, ob jedenfalls allgemeine Ordnungsprinzipien einen zusätzlichen Schutz des späteren Anteilserwerbers vor einer Vorausabtretung der Gewinnansprüche begründen.

Ausgangspunkt auch dieses Ansatzes ist die Interessenwertung, daß der Neugesellschafter besonders schutzwürdig sei, weil er in die Pflichtenstellung einrücke und seine Tätigkeit ausschlaggebend sei, soweit es Gewinnansprüche nach Anteilserwerb beträfe.

3. Allgemeine Ordnungsprinzipien

Reine Interessengesichtspunkte wiegen einer älteren Ansicht nach schwerer für einen Vorrang der Anteilsverfügung und gegen die Priorität der Vorausabtretung des Gewinnanspruchs als die begrifflichen Erwägungen des Bundesgerichtshofes und die formal-logischen Überlegungen zur Analogie grundstücksrechtlicher Gutglaubensvorschriften.

Der Neugesellschafter erwerbe den Gewinnanspruch, weil Verfügungen über das umfassendere Rechtsverhältnis (Gesellschaftsanteil) solchen über einzelne Vermögensansprüche aus dem Rechtsverhältnis kraft eines allgemeinen Ordnungsgrundsatzes vorgingen[77]:

---

76 BGHZ 88, 205, 208.

77 Erwägung von Wiedemann, Übertragung, 301, der zum Schutze des Gesellschafters schließlich jedoch § 138 BGB ausreichen läßt; der Sache nach ebenfalls auf allge-

Der Gewinnanspruch[78] beruhe zumindest bei der oHG "in der Regel und im wesentlichen" auf der Tätigkeit des Gesellschafters. Werde die Gesellschafterstellung weitergegeben, so müßten dem neuen Gesellschafter für seine Tätigkeit naturgemäß eigene Ansprüche erwachsen, ohne Rücksicht auf eine etwaige Vorausabtretung. Eingeräumt wird, daß dieser Gedanke schon bei der Kommanditgesellschaft versage. Der Rettungsanker sei § 138 BGB. Zum Schutz des Stammrechtsinhabers müsse er unter Rückgriff auf Ordnungsgesichtspunkte der Rechtssicherheit dahingehend konkretisiert werden, daß die in der Gesellschafterstellung zusammengebündelten Vermögensansprüche durch Parteiabrede nicht unbegrenzt verteilt werden könnten. Es sei ja auch nicht vertretbar, bei einer Vorausverfügung des Sacheigentümers über Ansprüche aus künftiger Sachbeschädigung allen späteren Eigentümern eine Ersatzforderung abzusprechen, da sonst das Eigentum teilweise seines Inhalts beraubt wäre. Der Verkehrsschutz des Sacheigentümers wäre empfindlich gestört, denn die Vorausabtretung könnte den wirtschaftlichen Wert des Sacheigentums nahezu aufheben, ohne von den Gutglaubensvorschriften – insbesondere scheidet § 936 BGB aus – erfaßt zu werden. Ebenso verhalte es sich bei einem Gesellschaftsanteil; auch ihm könne man nicht für alle weitere Zukunft Gewinnansprüche entziehen. Unausgesprochen dürfte dieser Ansicht die Vorstellung zugrundeliegen, daß die Gewinnbeteiligung aller Gesellschafter für das Vorliegen einer Gesellschaft begriffsnotwendig sei.

So macht Wiedemann geltend, daß nach dem Sinn mitgliedschaftlicher Zuordnung das Zunutzemachen des Gewinnanspruchs die Inhaberschaft des Stammrechts voraussetzen würde. Dies ist ein Gedanke, der auf der Vorstellung des Römischen Rechts über die Unzulässigkeit einer societas leonina basiert (unten a)) und heutzutage von einigen Vertretern der Literatur aus dem Tatbestandsmerkmal des "gemeinsamen Zwecks" i. S. von § 705 BGB hergeleitet wird (unten b)).

a. Societas leonina

Bei der sog. Löwengesellschaft, der societas leonina, handelt es sich um einen Vertrag, welcher einem oder einzelnen Gesellschaftern die Vorteile

---

meine Ordnungsgesichtspunkte abstellend MünchKomm.-BGB-Ulmer § 717 Rdn. 29 a.

78 Wiedemann, Übertragung, 299 f.

der Gesellschaft zubilligt, also den sprichwörtlichen "Löwenanteil" zugesteht, während andere Gesellschafter nur die Lasten zu tragen haben[79].

Die Herkunft dieses Terminus rührt von einer griechischen Tierfabel her, die dem Dichter Äsop[80] zugeschrieben wird. Auch die Digesten sprechen von der "societas leonina"[81].

In der geläufigsten Version[82] der Fabel schlossen sich eine Kuh, eine Ziege und ein Schaf mit einem Löwen zu einer Jagdgesellschaft zusammen. Durch die Beute konnte allerdings nur der Löwe Gewinn aus der Gesellschaft erlangen[83]. Das Tragen der gemeinsamen Jagdbeute, die Last, oblag den anderen Tieren[84]. Der Löwe beanspruchte unmittelbar die ganze Beute und seine Partner wagten keinen Widerspruch[85].

Ulpian berichtet dazu, "daß eine solche Gesellschaft, worin einer einen Gewinn, der andere aber keinen Gewinn, sondern den Schaden hatte, keine (nichtig)[86] ist. Denn das ist eine höchst ungerechte Art von Gesellschaft, aus welcher einer nur Schaden nicht Gewinn zu erwarten hat."

---

79 Müller-Gugenberger, Gedächtnisschrift für Rödig, 274; Flume AT I/1, Die Personengesellschaft, § 3 V, 48; Ballerstedt JuS 1963, 253, 255.

80 Fabeln Nr. 258 – Löwe und Waldesel – und Nr. 260 – Löwe, Esel und Fuchs – in der von Karl Halm herausgegebenen Sammlung "Fabulae Aesopicae collectae", Leipzig 1872.

81 Vgl. D 17, 2, 29, 2 im Abschnitt pro socio: Aristo referet Cassium respondisse societatem talem coiri non posse, ut alter lucrum tantum, alter damnum sentiret, et hanc societatem leoninam solitum appellare: et nos consentimus talem societatem nullam esse, ut alter lucrum sentiret, alter vero nullum lucrum, sed damnum sentiret: iniquissimum enim genus societatis est, ex qua quis damnum, non etiam lucrum spectet.

82 Von früh an existierte eine 2. Version mit einer Vereinbarung zwischen Löwe, Esel und Fuchs. In dieser Version fordert der Löwe den Esel zur Teilung auf, ist aber mit dessen Aufteilung gemäß Vertrag nicht einverstanden und erschlägt ihn, worauf der nun zur Teilung aufgeforderte Fuchs ihm den erwarteten Löwenanteil zuteilt, vgl. Gorski, Die Fabel vom Löwenanteil in ihrer geschichtlichen Entwicklung, Diss. phil. Berlin 1888, 52 ff. Diese Variante behandelt einen Fall der Gesellschaftsauflösung, welche sich heute nach § 727 BGB bzw. § 131 Nr. 4 HGB richtet und bleibt demzufolge ohne nähere Erörterung.

83 Anders Müller-Gugenberger, Gedächtnisschrift für Rödig, 279, der auf den Schutz der an der Jagdgesellschaft beteiligten Grasfresser durch den Löwen abstellt.

84 Vgl. hierzu Hausmaninger/Selb, Römisches Privatrecht, 321.

85 Zur Entwicklung jener Variante, vgl. Gorski, Die Fabel vom Löwenanteil in ihrer geschichtlichen Entwicklung, Diss. phil. Berlin 1888, 6 ff.

86 Das Wort "nullam" läßt sowohl die Übersetzung "nichtig" wie "keine Gesellschaft" zu.

Interpretiert man das Verbot der leoninischen Klauseln, wie es früher verbreitet war[87] derart extensiv, daß die Gewinnbeteiligung aller Gesellschafter für die Gesellschaft begriffsnotwendig sei, so würde in der Tat die Annahme einer Personengesellschaft zwischen demjenigen, der den "entleerten" Gesellschaftsanteil erwirbt, und den übrigen Gesellschaftern ausscheiden. Nur die Zubilligung der Gewinnansprüche stünde im Einklang mit jener als Kernsatz[88] empfundenen Vorstellung, daß die Gesellschaft ihrem Wesen nach auf Gewinnerzielung und Gewinnverteilung gerichtet ist. Ein Gesellschafter, der am Gewinn nicht teilhat, ist hiernach undenkbar. Die Lektüre der für die Digestenstelle maßgebenden lateinischen Fassung der Tierfabel durch Phaedrus[89] spricht für ein anderes Verständnis der Fabel[90].

Danach handelt es sich bei der Vereinbarung der Tiere um einen gewöhnlichen Gesellschaftsvertrag[91]. Gemeinsamer Zweck der "fabelhaften" Vereinbarung ist die Durchführung der Jagd zur Erlangung der Beute. Gewinn und Verlust sollen nach Kopfteilen bestimmt und verteilt werden. Sonach hat die Fabel einen schlichten Vertragsbruch zum Gegenstand: Ein Beteiligter verweigert seinerseits Vertragserfüllung, nachdem seine Partner ihrerseits vertragsgemäß geleistet haben. Die Partner des Löwen werden um ihre berechtigten vertraglich festgelegten Gewinnerwartungen geprellt; doch das Recht muß der Macht des Stärkeren weichen[92].

Danach läßt sich aus der Fabel allenfalls die Ansicht herleiten, daß ein Gesellschaftsvertrag nichtig ist, der unter Ausnutzung des Machtmißbrauchs einer Seite zustande gekommen ist. Prellt ein Vertragspartner

---

87 Heute findet sich eine derartige Position in deutschen Darstellungen bei Erman/Schulze-Wenck, Anm. 2 zu § 722 BGB sowie in: Schulze-Osterloh, Gemeinsamer Zweck, 22 ff., 25 ff.

88 Neben der Formulierung "socii mei socius meius socius non est" (D 17, 2, 20) ist die societas leonina meist das einzige, was heute noch unmittelbar an den Einfluß des Römischen Rechts auf unser Gesellschaftsrecht erinnert, vgl. auch Düll, Corpus Juris, eine Auswahl der Rechtssätze der Antike, 2. Auflage München 1960, 174, 175.

89 Phaedrus hat nur die erste Version übernommen, aber an Stelle des Esels Ziege, Kalb und Schaf als Partner des Löwen eingeführt, vgl. Gorski, 10 f.

90 Hierzu auch Lenz, Personenverband-Verbandsperson-Kartellverträge, 38; Müller-Gugenberger, Gedächtnisschrift für Rödig, 278, 279.

91 Die in Fußnote 90 erwähnten a. a. O.

92 Müller-Gugenberger, Gedächtnisschrift für Rödig, 278.

den anderen, indem er sich durch Drohung alle Vorteile des Gesellschaftsvertrages verschafft und gleichzeitig alle Nachteile vertraglich auf den anderen abwälzt, so kann dies nicht die Billigung der Rechtsordnung finden.

Als Grenze einer Vereinbarung, welche einzelnen Gesellschaftern die Vorteile der Gesellschaft zubilligt, während andere Gesellschafter nur die Lasten zu tragen haben, wird deshalb bei einem derartigen Verständnis der societas leonina der § 138 BGB genannt[93]. Dem kann insofern zugestimmt werden, als § 138 BGB eine Grenze für jeden Vertrag aufstellt. Bei der der Löwengesellschaft zugrundeliegenden Vereinbarung kommt vor allem ein Mißbrauch der Überlegenheit eines Gesellschafters in Betracht. Hiermit wird jedoch lediglich ein allgemeiner Gedanke zum Ausdruck gebracht, der in keiner besonderen Weise auf derartige Gestaltungen von Gesellschaftsverträgen Anwendung findet. Solange sich keine konkreten Anhaltspunkte für das Eingreifen der Mißbrauchsschranke ergeben, ist ein Vertrag, welcher einzelnen Gesellschaftern den "Löwenanteil" zubilligt und andere Gesellschafter davon ausschließt, zulässig[94].

Treffend führt Müller-Gugenberger[95] in diesem Zusammenhang aus, daß, "solange jeder Gesellschafter die Vorteile aus dem Zusammenschluß erhält, um derentwillen er sich daran beteiligt hat, solange nicht gegen seinen Willen und seine berechtigten Erwartungen benachteiligt wird ... für die Rechtsordnung kein Anlaß (besteht), mit Verboten einzugreifen"[96]. Dafür spricht insbesondere der Gedanke der Vertragsfreiheit[97]. So gehen die Digesten davon aus, daß die Partner des Löwen mit Recht einen Anteil an der Beute (bzw. abstrakt: der andere Gesellschafter einen Anteil am Gewinn) erwarten konnten. Der Fall eines Verzichts, in dem ein Teil von vornherein keinen Gewinnanteil bekommen will, ist nicht

---

93 Ohne nähere Begründung Flume, AT/1, Die Personengesellschaft, § 3, 49; MünchKomm.-BGB-Ulmer, § 705 Rdn. 118; Soergel-Hadding, § 705 Rdn. 36. Umfassend indes Lenz, Personenverband-Verbandsperson-Kartellverträge, 38.

94 Lenz, Personenverband-Verbandsperson-Kartellverträge, 38.

95 Müller-Gugenberger, Gedächtnisschrift für Rödig, 279.

96 Müller-Gugenberger, Gesellschaft, Société und Groupement als Rechtsformen zur Unternehmenskorporation, 272; so auch neuerdings Schmidt, K., Gesellschaftsrecht, § 4 I, 50.

97 Auf diesen Gesichtspunkt weist Teichmann, Gestaltungsfreiheit in Gesellschaftsverträgen, 146, hin.

Gegenstand der Betrachtung[98]. Daß Esel und Ziege gegen ihren Willen zu Fleischfressern mutieren müßten, um eine Jagdgesellschaft mit dem Löwen einzugehen, weil ansonsten das "Wesen" des Gesellschaftsvertrages nicht gewahrt sei, kann der auf Ulpian zurückgehenden Digestenstelle nicht entnommen werden.

Jene Interpretation, die zur notwendigen Gewinnbeteiligung aller Beteiligten trotz anderslautenden gesellschaftsvertraglichen Verzichts der Gesellschafter gelangt, setzt sich zudem in Widerspruch zu der von Ulpian selbst an anderer Stelle vertretenen Ansicht, daß "dem Wollenden kein Unrecht geschieht"[99].

Als Resümee bleibt festzuhalten, daß die Auslegung der Ulpianschen Äußerung bei dem Bestreben, materielle Gerechtigkeit in den einzelnen Rechtsformen zu institutionalisieren, zu weit gegangen ist. Aus angeblichen Erfordernissen des Begriffes der societas (Gesellschaft) gelangte man zur Einschränkung der Privatautonomie. Erwägungen der Beteiligten können jedoch dazu führen, daß sie nicht am Gewinn partizipieren und doch die Gesellschaft als produktive wirtschaftliche Einheit erhalten bleibt. Zudem räumt jene aus begrifflichen Ableitungen geformte Ansicht dem Zweck der Gewinnverteilung, als eine von vielen möglichen Zielvorstellungen, eine nicht gerechtfertigte Sonderstellung ein.

Aus den vorstehenden Gründen erscheint die Argumentation mit der Unzulässigkeit einer "societas leonina" bei der streitigen Frage nach der Notwendigkeit einer Erfolgsbeteiligung aller Gesellschafter eher verwirrend als fördernd[100].

So sind es seit geraumer Zeit vornehmlich begriffliche Deduktionen des "gemeinsamen Zwecks"[101] und dogmatische Fragen einer Abgren-

---

98 Vgl. auch eine andere Fabel Äsops, in der der Löwe mit dem Esel auf die Jagd geht und sich das Geschrei des Esels zunutze macht, worauf der Esel sehr stolz ist, vgl. Lessing, Fabeln, 3 Bücher (1759), 2. Buch Fabel 8 und besonders Fabel 9.

99 D 77, 10, 1, 5: "volenti non fit iniuria"; Lib. LVI ad Edict.

100 So im Ergebnis auch Kellermann, Gemeinsamer Zweck, 163.

101 Besonders deutlich z. B. Soergel-Hadding, § 705 Rdn. 36: "... es geht um das, was zum gemeinsamen Zweck gehört". Diese Methode lag nahe, da der Zweck konstituierendes Merkmal jeder Gesellschaft ist, an den sich zugleich Umfang und Inhalt der Rechte und Pflichten nicht nur der Gründer, sondern auch der zwischenzeitlich eingetretenen und zukünftigen Gesellschafter ausrichten.

zung der Gesellschaften von den übrigen Rechtsverhältnissen[102], die zu der Annahme führen, jede Personengesellschaft bedürfe der Gewinnbeteiligung aller Gesellschafter. Da ein Anteilserwerber nur als Mitgesellschafter gedacht werden kann, ist die Unwirksamkeit der Vorabspaltung des Gewinnanspruchs auch jenen Ansichten immanent.

b. Das Erfordernis einer Erfolgsbeteiligung für die "Gemeinschaftlichkeit" des Zwecks

Das Reichsgericht[103] hat zunächst angenommen, ein gemeinsamer Zweck liege nur vor, wenn alle Gesellschafter gleichermaßen am Gesellschaftserfolg beteiligt sind. Beim gemeinsamen Zweck müsse der Wille dahin gehen, daß die Ergebnisse des Zusammenschlusses allen Gesellschaftern, und zwar als Ergebnis der Gesellschaft zugute kommen sollen. Hier findet sich der Gedanke des Zusammenfügens und danach Teilens oder, umgekehrt ausgedrückt, der Verfolgung eigener Vorteile über den Umweg einer Zusammenfügung, der vom Reichsgericht als Definition des gemeinsamen Zwecks verwendet wurde[104].

Jedoch hat auch schon das Reichsgericht[105] seinen, auf eine Ergebnisbeteiligung abstellenden Standpunkt deutlich korrigiert. Es argumentierte[106] für den gemeinschaftlichen Betrieb eines Wiener Cafés, bei welchem ein Teilhaber lediglich eine feste Vergütung in Monatsraten erlangen sollte, dies schließe den Bestand des Gesellschaftsverhältnisses nicht aus. Denn gemeinsamer Zweck sei lediglich die Fortführung des Wirtschaftsbetriebes. Noch im selben Jahr bekräftigte das Reichsgericht[107] diesen Standpunkt. Es wiederholte, daß eine Gewinnbeteiligung im Innenverhältnis nicht erforderlich sei. Das Gericht erklärte im folgenden, daß es nicht ersichtlich sei, warum der zu fördernde gemeinsame Zweck

---

102 Hierzu insbesondere Schulze-Osterloh, Gemeinsamer Zweck, S. 25, 66 ff. Hervorgehoben wird die Abgrenzung des partiarischen Darlehens von der stillen Gesellschaft, die insbesondere für die Anwendung der Kündigungsvorschriften/-fristen (§ 609 zu § 723 BGB) von Bedeutung ist.

103 RGZ 96, 147 (149); RG, JW 1930, 2655.

104 Die Entscheidung RG, JW 1930, 2655 fand die Zustimmung von Schlegelberger-Geßler, HGB-Kommentar, 4. Auflage 1965, § 105 Anm. 4.

105 RG, JW 1915, 1428; RG, JW 1915, 1470; RGZ 90, 14, 16/17.

106 RG, JW 1915, 1428.

107 RG, JW 1915, 1470.

mit dem Ausschluß einer Gewinnbeteiligung nicht zu vereinbaren sei, denn die Gemeinsamkeit könne bestehen bleiben, auch wenn ein Teilhaber für seine Zweckförderung nichts erhielte.

Der Bundesgerichtshof[108] hat lediglich für die GmbH zur Frage Stellung genommen, ob eine Erfolgsbeteiligung aller Gesellschafter für das Vorliegen einer Gesellschaft notwendig ist. Er erachtet dabei eine Erfolgsbeteiligung nicht als erforderlich. Aus seinen grundsätzlichen Ausführungen läßt sich entnehmen, daß er eine Erfolgsbeteiligung nicht als notwendiges Element des gemeinsamen Zwecks ansieht: "Der gemeinsame Zweck schließt nicht aus, daß die Gesellschafter mit der Gesellschaft gleichzeitig eigennützige Absichten verfolgen, z. B. die Erzielung von Gewinnen zugunsten der einzelnen Gesellschafter". Bei jeder Gesellschaft verfolgen die Gesellschafter auch persönliche Interessen, sei es ideeller, sei es materieller Art. Der Endzweck einer Gesellschaft braucht daher nicht gemeinschaftlich zu sein, es muß aber wenigstens ein diesem Endzweck dienendes Mittel von den Vertragschließenden als gemeinsamer Zweck verfolgt werden. Diesen Zweck zu fördern, müssen die Gesellschafter sich in der durch den Vertrag vorgesehenen Weise verpflichten. Die erbrachten Leistungen sollen nicht dem Vermögen der Beteiligten zufließen, sondern dem gemeinsamen Zweck dienen.

Neben den in der älteren Rechtsprechung genannten Gesichtspunkten hält ein Teil der Literatur[109] eine Gewinnbeteiligung aller Gesellschafter für das Vorliegen eines "gemeinsamen Zwecks" i. S. des § 705 BGB unter Hinweis auf einen vermeintlichen Widerspruch für erforderlich: Es sei widersprüchlich, dort von einer Gemeinsamkeit zu sprechen, wo jemand auf die Teilnahme am gemeinsamen Erfolg verzichtet[110].

---

108 BGHZ 14, 264 (271).

109 Hierauf scheint die Lösung des Beispiels der Vater/Sohn-Gesellschaft bei Ballerstedt, JuS 1963, 253, 255 abzuzielen. Zur Veranschaulichung sei das auf Hueck, OHG, § 1 I 1 b, 4 zurückgehende Beispiel kurz wiedergegeben: Vater und Sohn gründen eine OHG und der Vater verzichtet zwecks Existenzsicherung zugunsten seines Sohnes auf eine Beteiligung am Gewinn.

110 Als Konsequenz dieser von Soergel-Hadding, § 705 Rdn. 36; Flume, Die Personengesellschaft, § 3 I, 37 und Ballerstedt, a. a. O., vertretenen Auffassung ergibt sich eine Definition, nach der der Zweck nur dann gemeinschaftlich ist, wenn jeder Gesellschafter sich verpflichtet, ihn sowohl als eigenen wie als Zweck des bzw. der anderen Gesellschafter(s) zu fördern, vgl. Ballerstedt, a. a. O. Dies ist eine reine Leerformel, da offenbleibt, wann von einem Beteiligten der fremde Zweck wie ein eigener gefördert wird.

Dieser Annahme kann nicht gefolgt werden, denn der Wille, etwas zu erreichen, wird nicht dadurch ausgeschlossen, daß das Erreichte einem anderen zugewandt werden soll.

Andere begründen das Erfordernis einer Erfolgs- bzw. Ergebnisbeteiligung aller Gesellschafter damit, daß sich nur aus einem gemeinsamen Erfolg eine Zweckübereinstimmung ergeben könne[111].

Da der Zweck die Zielvorstellungen der Beteiligten zum Ausdruck bringe, sei die Gemeinsamkeit des Zwecks aus der geplanten Realisierung dieser Ziele im Hinblick auf die einzelnen Beteiligten herzuleiten. Es entscheide also die Art und Weise, in der ihnen das angestrebte Ergebnis zugute kommt. Damit sei auf Vereinbarungen verwiesen, welche die Beteiligten über die Verteilung des jeweils erzielten Ergebnisses getroffen haben[112]. Dabei sei das Interesse an einer Beteiligung am Ergebnis nicht durch ein anderes ideelles Interesse an der gemeinsamen Zweckverfolgung ersetzbar, da sonst eine Abgrenzung der Gesellschaft von Schenkung und Austauschverträgen, insbesondere partiarischen Rechtsverhältnissen, bei denen die Gegenleistung in Form einer Gewinn- und Umsatzbeteiligung erfolgt, unmöglich werde[113].

Tatsächlich ist die Gewinnbeteiligung aller Gesellschafter für die Gemeinsamkeit des verfolgten Zwecks nicht das maßgebende Kriterium[114]. Dies ergibt sich schon aus einem Umkehrschluß. Selbst wenn alle an dem Rechtsverhältnis beteiligten Personen eine – möglicherweise sogar gleich hohe – Gewinnbeteiligung erhalten, ist damit das Vorliegen eines gemeinsamen Zwecks noch nicht mit Sicherheit anzunehmen. Dies zeigt

---

111 Schulze-Osterloh, Gemeinsamer Zweck, 24.

112 Schulze-Osterloh, Gemeinsamer Zweck, 21.

113 Schulze-Osterloh, Gemeinsamer Zweck, 22. Die Abgrenzungsschwierigkeiten bei einem Verzicht auf das Erfordernis der Ergebnisbeteiligung aller Gesellschafter werden zudem dazu verwandt, das Erfordernis des Zusammenwirkens der Beteiligten als untauglich für die Begriffsbestimmung der Gemeinsamkeit zu verwerten. Hierzu verweist Schulze-Osterloh namentlich auf den Anwaltsvertrag, der für eine erfolgreiche Prozeßführung die Abstimmung von Anwalt und Mandant verlangt.

114 Ebenso Soergel-Hadding, § 705 Rdn. 36; RGRK-von Gamm, vor § 705 Rdn. 5; MünchKomm.-BGB-Ulmer, § 705 Rdn. 118; Schlegelberger-Geßler, § 105 HGB Rdn. 6; Großkomm.-HGB-Ulmer, § 105 Rdn. 20, 22; Huber, Vermögensanteil, 299; Teichmann, Gestaltungsfreiheit, 146 f. Eine Sonderstellung nimmt Wiedemann, Gesellschaftsrecht I, § 1 I 1, 9 ein, der einer Erfolgsbeteiligung noch indizielle Bedeutung für das Vorliegen der Gemeinsamkeit zubilligen will.

schon die Existenz der partiarischen Rechtsverhältnisse[115]. Die Begründung ergibt sich auch aus dem Recht der Personengesellschaften. Dabei gilt es nach den verschiedenen Gesellschaften zu unterscheiden.

So erweist sich bei der Gesellschaft bürgerlichen Rechts das Abstellen auf eine Gewinnbeteiligung deshalb als undurchführbar, weil die Gesellschaft bürgerlichen Rechts grundsätzlich jeden erlaubten Zweck verfolgen kann. Die Forderung nach einer Gewinnbeteiligung würde diesen Organisationsrahmen in unzulässiger Weise einschränken. Läßt es der gesetzliche Organisationsrahmen aber zu, daß sowohl wirtschaftliche als auch ideelle Zwecke unter der Rechtsform der Gesellschaft bürgerlichen Rechts verfolgt werden können, dann müssen die Anforderungen an die Gemeinsamkeit auch unabhängig von der Art des Zwecks festgelegt werden. Für Gesellschaften bürgerlichen Rechts zu ideellen Zwecken ergibt sich die Unbrauchbarkeit des Kriteriums zwangsläufig[116]. Ein Merkmal wie die Gewinnbeteiligung, die nur einen Teil der verfolgbaren Zweckbindungen erfaßt, widerspricht somit der Maxime einer einheitlichen Auslegung desselben Merkmals innerhalb eines Tatbestandes[117].

Selbst wenn die BGB-Gesellschaft im Einzelfall wirtschaftliche Zwekke verfolgt, muß die Entscheidung, ob der einzelne sich aus wirtschaftlich-eigennützigen Erwägungen oder aus altruistischen Erwägungen an der Gesellschaft beteiligt, außerhalb der Gemeinsamkeit des Zwecks liegen. Ob der Gesellschafter seine materiellen Bedürfnisse in diesem Rahmen befriedigt, muß allein ihm überlassen sein. Hierfür läßt sich wiederum[118] der Gedanke der Vertragsfreiheit anführen. Denn durch den Verzicht auf einen notwendigen Gewinnanteil wird die Abgrenzung der Gesellschaft zum Schenkungsversprechen nicht verwischt, weil als Gesellschafter auch denjenigen, der im Innenverhältnis nicht am Gewinn beteiligt ist, die Förderpflichten zur Verfolgung des Zwecks treffen. Woraus

---

115 Uwe Lenz, Personenverband-Verbandsperson-Kartellverträge, 33.

116 So muß denn auch Schulze-Osterloh, Gemeinsamer Zweck, 48 ff. insbesondere Seite 52 anerkennen, daß seine Theorie der Gemeinsamkeit durch Gewinnbeteiligung für Gesellschaften mit altruistischen Zwecken nicht durchführbar ist, indem er anführt, daß sich bei ihnen die Gemeinsamkeit des Zwecks für ihn mit dem Inhalt der Förderpflicht decke. Er selbst erkennt hierin die Schwäche des von ihm für die Gemeinsamkeit geforderten Kriteriums.

117 Larenz, Methodenlehre, 263.

118 Vgl. hierzu auch die Ausführungen oben auf Seite 106.

gleichfalls folgt, daß die allseitigen Förderpflichten ein indizielles Charakteristikum der Gemeinsamkeit des Zwecks darstellen.

Für Personenhandelsgesellschaften gibt der von Gesetzes wegen festgelegte Zweck die Begründung. Denn der zu verfolgende Gesellschaftszweck ist nach Maßgabe der §§ 105 Abs. 1, 161 Abs. 1 HGB der Betrieb eines vollkaufmännischen Handelsgewerbes. Dann reicht es aber aus, wenn durch den Betrieb der Handelsgesellschaft ein gewinnbringendes Unternehmen als solches geführt wird. Schon der Gewerbebegriff setzt nach herrschender Meinung[119] die Gewinnerzielungsabsicht voraus. Daraus ergibt sich, daß der Gewinn auf die offene Handelsgesellschaft oder Kommanditgesellschaft und nicht auf die Gesellschafter ausgerichtet ist[120]. Hinsichtlich der sich daran anschließenden Frage, in welcher Weise mit diesem Gewinn zu verfahren ist, ist der gemeinsame Zweck nicht mehr gefordert. Wegen der Bindung der Gesellschafter aneinander und der rechtspolitisch erwünschten Förderung dieser Bindung[121] ist zudem bei einem Bündel verschiedener Einzelzwecke und solcher Zwecke, die auf einen gemeinsamen Zweck hindeuten, im Zweifel ein gemeinsamer Zweck anzunehmen, unabhängig davon, ob eine Erfolgsbeteiligung aller Gesellschafter gegeben ist oder nicht. In § 705 BGB hat das Tatbestandsmerkmal des gemeinsamen Zwecks den Sinn, die Parteien an die gemeinsame Verfolgung von Interessen zu binden und dazu zu verpflichten. Somit besteht auch im Falle teilweise nicht vorhandener Gewinnbeteiligung eine "Vermutung"[122] für die Gemeinsamkeit des Zwecks. Dies macht im Gesellschaftsrecht des BGB auch deshalb Sinn, weil Personen, die sich zur Verfolgung gemeinsamer Zwecke zusammenschließen auch dann beim Wort nehmen lassen sollen, wenn sie damit ausschließlich altruistische oder rein egoistische Zwecke verbunden haben.

---

119 BGHZ 33, 325; 36, 276; 49, 260; 66, 48, 49; Großkomm.-HGB-Brüggemann § 1 Rdn. 9; Schlegelberger-Hildebrandt-Steckhahn § 1 Rdn. 24; anderer Ansicht jedoch Gierke-Sandrock § 6 II 5, 114; K. Schmidt, HandelsR, § 9 IV 2d, 254 ff.; Raisch, Unternehmensrecht, 186. Relativierend auch Hopt/Mössle, Handelsrecht, Rdn. 25.

120 Großkomm.-HGB-Ulmer, § 105 Rdn. 20; Schmidt, K., Gesellschaftsrecht, § 4 I 2 b, 53 weist ebenfalls darauf hin, daß der gemeinsame Zweck nicht ein Zweck der Gesellschafter, sondern der individuelle der Personengemeinschaft ist.

121 Vgl. dazu Larenz, Schuldrecht, Band II, 10. Auflage 1972, § 62 II, 336 f. und apodiktisch Palandt-Thomas, Anm. 4 zu § 705.

122 Ebenso Fikentscher, in: FS-Harry Westermann, 106.

Das Bild, das die buntscheckige Diskussion um die Erfolgsbeteiligung wirft, zeigt somit, daß die besseren, weil normativen Erwägungen für einen Verzicht auf das Erfordernis der Erfolgsbeteiligung sprechen: der Gedanke der Vertragsfreiheit, der gesetzlich vorgegebene Zweck der Personenhandelsgesellschaften sowie die Abgrenzungsschwierigkeiten im Verhältnis der Gesellschaften zu den Schenkungen und den Austauschverhältnissen.

Die ältere Literatur zum Verhältnis von Vorausabtretung des einzelnen Gewinnanspruchs und nachfolgender Anteilsverfügung leitet aus der verfehlten Prämisse der erforderlichen Gewinnbeteiligung aller Gesellschafter eine gesteigerte Schutzbedürftigkeit des Anteilserwerbers ab. Dies ist zwar insoweit nachvollziehbar, als nach ihrer Auffassung ein um die Gewinnansprüche entleerter Gesellschaftsanteil zur Auflösung der Gesellschaft[123] und damit zur mißbilligenswerten Zerschlagung von Wirtschaftseinheiten führen müßte[124]. Indes liegt dem eine petitio principii zugrunde, da gerade aus der besonderen Schutzbedürftigkeit der Beteiligten die Notwendigkeit einer Gewinnbeteiligung aller Gesellschafter folgen soll.

c. Zwischenergebnis

Die Begründung des Dogmas vom Vorrang der Stammrechtsverfügung mit Ordnungsgesichtspunkten der Rechtssicherheit geht auf ganzer Linie fehl. Ein Ordnen unter diesem Gesichtspunkt ist ohne Grenzen und Maß und somit äußerst gefährlich. Hinzuzufügen bleibt, daß die Grenzen der Privatautonomie mit den Grenzen dessen, was ordnungspolitisch wünschenswert ist, natürlich nicht notwendig deckungsgleich sind: Vorrang haben im Divergenzfalle noch immer die Wertungen des Gesetzes. Für den konkreten Fall ist dabei an das Anwartschaftsrecht zu denken.

---

123 Wie sich aus § 736 BGB ergibt, führt das Ausscheiden des Gesellschafters regelmäßig zur Auflösung der Gesellschaft.

124 Anders aber für die GmbH der BGH in BGHZ 85, 84 ff.

Ursache für einen zusätzlichen Schutz des späteren Anteilserwerbers auch gegenüber früheren Abspaltungen des Gewinns könnte des weiteren die "schuldrechtliche Schwäche"[125] des Anwartschaftsrechts am Gewinnanspruch sein[126]. Die Bezeichnung "schuldrechtliche Schäche des Anwartschaftsrechts" bringt zum Ausdruck, daß in der Hand des Zweiterwerbers das Anwartschaftsrecht von dem zugrundeliegenden schuldrechtlichen Verhältnis abhängig bleibt. Da die Verfügungsbefugnis über das schuldrechtliche Verhältnis ausschließlich den daran beteiligten Parteien zustehe, fehle dem Anwartschaftsrecht Immunität gegen Eingriffe der Vertragsparteien in das schuldrechtliche Gefüge, die zu Lasten des Zweiterwerbers ein Erstarken des Anwartschaftsrechts zum Vollrecht verhindern. Erörtert wird eine derartige Gefährdung vorrangig für die Anwartschaft aus bedingter Übereignung. Das Problem stellt sich bei der Forderungsanwartschaft in gleicher Weise. Dem Anwartschaftsrecht des Vorauszessionars der Gewinnansprüche würde hiernach die Immunität gegen die Übertragung der Mitgliedschaft durch den Gesellschafter fehlen.

Allerdings sind gegen diese Gedanken Einwände möglich. So soll neueren Auffassungen zu Folge die Übertragung des schuldrechtlichen Grundverhältnisses von der Zustimmung des Anwartschaftszweiterwerbers abhängen. Zunächst werden deshalb die Antworten auf die Frage nach einer Beschränkung der Gestaltungsfreiheit des Veräußerers hinsichtlich des schuldrechtlichen Grundverhältnisses nach erfolgter Anwartschaftsrechtsübertragung überblicksartig dargestellt (hierzu sogleich). Im Anschluß hieran wird untersucht, ob ein Zustimmungsrecht des Vorauszessionars der Gewinnansprüche zur Anteilsübertragung im Personengesellschaftsrecht überhaupt denkbar ist. Hiergegen spricht, daß die Abhängigkeit der Anteilsverfügung des Gesellschafters von der Zustimmung des Vorauszessionars der Gewinnansprüche auf den ersten, unbefangenen Blick gegen das gesellschaftsrechtliche Abspaltungsverbot verstößt (hierzu unten b.).

---

125 Zur Terminologie s. Serick, Bd. I, § 11 II 1, 252 f.

126 Huber, Vermögensanteil, 392 ff., 395; Raddatz, Diss., 122 ff.

a. Vernichtung oder Veränderung des schuldrechtlichen Grundverhältnisses

Die herrschende Lehre[127] sieht die Gestaltungsfreiheit der Parteien des zugrundeliegenden Schuldverhältnisses nicht dadurch eingeschränkt, daß ein auf diesem Schuldverhältnis beruhendes Anwartschaftsrecht auf einen Zweiterwerber übertragen wird. Die Vertragsparteien könnten – bei Vorliegen der entsprechenden Voraussetzungen – die Anfechtung ausüben und den Rücktritt erklären. Auch eine einverständliche Aufhebung des Vertrages wird unter Berufung auf die geringe Konsistenz des Anwartschaftsrechts und der schuldrechtlichen Gestaltungsfreiheit der Vertragsparteien für zulässig gehalten. Dagegen wird von anderen[128] vorgebracht, daß das Anwartschaftsrecht mit der Anerkennung der Übertragbarkeit ein vollwertiges Gut des Rechtsverkehrs wird. Nach der Abtretung des Anwartschaftsrechts habe der Veräußerer mit dieser "Rechtsposition" nichts mehr zu tun. Er könne nicht nochmals über sie verfügen, auch könne in diese Rechtsposition gegen ihn nicht mehr vollstreckt werden. Dementsprechend sei der Anwartschaftserwerber dagegen gesichert, daß der Veräußerer den Vertrag im Einvernehmen mit dem Vertragsgegner aufhebt. Nur mit Zustimmung des Vorauszessionars (= Anwartschaftszweiterwerbers) habe der Veräußerer die Herrschaft über das Grundverhältnis, soweit die abgetretene Forderung durch Ausübung der Herrschaft beeinträchtigt wird.

b. Die Anteilsübertragung des Gesellschafters

Im Rahmen des Themas der Arbeit scheint das genannte Problem nicht zu existieren, da das Gesellschaftsvertragsverhältnis, auf dem der künftige Gewinnanspruch beruht, bis zur Entstehung der Vermögensansprüche ordnungsgemäß abgewickelt worden ist. Für die überwiegende Auffassung[129] ist die spätere Anteilsverfügung des Gesellschafters aber genau-

---

127 Esser, Fälle und Lösungen zum Schuldrecht, 1963, 54 Fußn. 14 und 56 Fußn. 31; Raiser, Dingliche Anwartschaften, 31; Serick, Bd. I, § 11 II 1, 251 ff.; Staudinger-Honsell § 455 Rdn. 39.

128 Flume AcP 161 (1962), 385, 393 f.; ders., Allgemeiner Teil des Bürgerlichen Gesetzbuches, § 42 4 b, 736.

129 Von Thur, Der Allgemeine Teil des deutschen bürgerlichen Rechts, Bd. II 1, 1914, 392; Huber, Vermögensanteil, 395; Raddatz, Diss., 122 f.; Scheyhing in: Nörr/

so wie eine vorzeitige Auflösung des Vertragsverhältnisses zu behandeln. Streng genommen sei danach die Anteilsübertragung sogar ein besonders schwerwiegender Eingriff in die Forderungsanwartschaft[130].

Begründet wird diese Ansicht damit, daß das Vorhandensein des schuldrechtlichen Vertragsverhältnisses nicht abstrakt von Bedeutung sei, sondern nur in Verbindung mit dem Zedenten[131]. Der zedierende Gesellschafter müsse demnach der Gesellschaft auch noch bei Auflösung des Gesellschaftsverhältnisses angehören[132]. Die Abtretung des Gesellschaftsanteils führt nach dieser Ansicht dazu, daß das schon bestehende Anwartschaftsrecht des Zessionars der künftigen Gewinnansprüche untergeht und der Neugesellschafter aus eigenem Recht eine Anwartschaft darauf erwirbt, den entsprechenden Gewinn ausgeschüttet zu erhalten.

Schließlich wird hinzugefügt, daß es bei der Anwartschaft auf den gesellschaftsrechtlichen Gewinnanspruch nicht bei dem in seiner Geltung umstrittenen Satz von der Gestaltungsfreiheit der Parteien des Grundverhältnisses bleibe. In dem hier interessierenden Fall sorge ein gesellschaftsrechtlicher Grundsatz für rechtliche Verbindlichkeit; denn selbst für solche Maßnahmen im Grundverhältnis Gesellschaftsvertrag, die zielgerichtet auf den Bestand des Anwartschaftsrechts einwirken, verbiete sich die Annahme eines Zustimmungsrechts des Vorauszessionars (= Anwartschaftszweiterwerbers), weil die Anerkennung eines solchen Rechts diesem als Nichtgesellschafter ein Mitverwaltungsrecht in der Gesellschaft verschaffen und damit gegen das Abspaltungsverbot verstoßen würde[133]. Vor einer Bewertung der für und wider die schuldrechtliche Schwäche des Anwartschaftsrechts sprechenden Argumente ist deshalb der Frage nachzugehen, ob das Abspaltungsverbot gegen die Annahme eines Zustimmungsrechts des Vorauszessionars der Gewinnansprüche zur Übertragung des Gesellschaftsanteils spricht.

Scheyhing, Sukzessionen, § 9 III, 140.

130 Raddatz, Diss., 124.

131 Scheyhing a. a. O.

132 Huber a. a. O.

133 Raddatz a. a. O.

(1) "Immunisierung" des Anwartschaftsrechts und gesellschaftsrechtliches Abspaltungsverbot

Die Begründung, ein Zustimmungsrecht des Vorauszessionars der Gewinnansprüche zur Übertragung des Gesellschaftsanteils verstoße gegen das gesellschaftsrechtliche Abspaltungsverbot, weil Nichtmitgliedern im Personenverband keine Mitverwaltungsrechte verschafft werden könnten, ist in ihrer Allgemeinheit angesichts der neuerlichen Diskussion über den Inhalt und die Grenzen des Abspaltungsverbots äußerst fragwürdig. Ausgangspunkt für die Bedenken ist die Einsicht, daß dem Vorauszessionar vielfach eine Stellung zugedacht wird, die derjenigen des Nießbrauchers am Gesellschaftsanteil ähnlich sein wird[134]. Dies gilt namentlich für die Fälle, in denen im Zusammenhang mit der Erbfolge eine Abtretung der künftigen Gewinnansprüche[135] an den Ehegatten eines Gesellschafters erfolgt, um ihn beim Tode des letzteren zu versorgen (etwa wenn im konkreten Fall nicht der zu versorgende Ehegatte, sondern die schon erwachsenen Abkömmlinge in die Gesellschaft nachfolgen sollen). Gerade dem Nießbraucher am Gesellschaftsanteil werden in jüngster Zeit[136] interne Mitspracherechte zugestanden.

Ein Zustimmungsrecht, welches das Recht des Bestellers zur Veräußerung des Anteils beeinträchtigt, steht dem Nießbraucher freilich nicht zu. Der § 1071 BGB, der als unmittelbare Rechtsfolge der Nießbrauchsbestellung am Anteil den Nießbraucher vor nachteiligen Veränderungen des Nießbrauchsgegenstandes durch den Besteller schützt, bleibt unberührt. Dies beruht jedoch darauf, daß der Nießbrauch als quasi-dingliche Belastung mit dem Anteil auf den Erwerber übergeht und kann insoweit – will man im vorliegenden Zusammenhang mit keiner petitio principii argumentieren – einem Zustimmungsrecht des Vorauszessionars des Ge-

134 Marotzke, ZIP 1988, 1509, 1510.

135 Die Bestellung des Nießbrauchs an einem Anteil soll dem Nießbraucher das Recht verschaffen, die Nutzungen des Anteils zu ziehen (§§ 1068, 1030 Abs. 1 BGB). Zu den Nutzungen (§ 100 BGB) gehören im Falle eines Gesellschaftsanteils insbesondere die Rechtsfrüchte, d. h. die Erträge, die das belastete Recht seiner Bestimmung nach gewährt (§ 99 Abs. 1 BGB). Das sind mangels abweichender Abreden in erster Linie die entnahmefähigen Gewinne.

136 Fleck, in: Fischer-FS, 125 f.; Ulmer, in: Fleck-FS, 383 f., insbesondere 388.

winnanspruchs zur Übertragung des Gesellschaftsanteils nicht von vornherein entgegenstehen[137].

Vielmehr ist die beim Anteilsnießbrauch geführte Diskussion für die Frage, ob dem Vorauszessionar der zukünftigen Gewinnansprüche ein Zustimmungsrecht zur Übertragung des Gesellschaftsanteils durch den Zedenten zusteht, weiterhin von Relevanz. Sie zeigt: Die zentrale Bedeutung, die dem Abspaltungsverbot für die Anwendung und Fortbildung des Gesellschaftsrechts zugemessen wird, ist fraglich geworden.

(a) Inhalt und Grenzen des gesellschaftsrechtlichen Abspaltungsverbots

Basis für die h. M.[138], die die Weitergabe mitgliedschaftlicher Verwaltungsrechte nicht ohne gleichzeitige Übertragung des Gesellschaftsanteils für möglich hält, ist die angeblich unselbständige Natur dieser Rechte und der Schutz der Gesellschafter vor unmittelbaren Einwirkungen Dritter auf das Gesellschaftsverhältnis. Dahinter stehen einerseits Gesichtspunkte des Verkehrsschutzes: So wenig im Sachenrecht die Abspaltung des Herausgabeanspruchs nach § 985 BGB vom Eigentum zugelassen wird, um dieses nicht seines wesentlichen Rechtes zu entkleiden[139], so wenig soll es dem Gesellschafter einer oHG oder KG möglich sein, den Gesellschaftsanteil durch Abtretung von Mitspracherechten zu einer Art nudum jus zu machen[140].

Zum anderen geht es um den – ebenfalls im Kern als unverzichtbar angesehenen – Schutz der Mitgesellschafter vor der Mitsprache Dritter[141].

Die Gesellschafter hätten einen Gesellschaftsvertrag nur mit denjenigen Personen abgeschlossen, denen sie persönlich Vertrauen entgegenbrachten und denen aufgrund des Eintritts in die Gesellschafterstellung ebenfalls Treuepflichten gegenüber den Mitgesellschaftern oblägen. Somit hätte jeder Gesellschafter ein Recht darauf, daß ihm keine uner-

---

137 Ulmer, in: Fleck-FS, 383, 391.

138 Flume, Die Personengesellschaft, § 14 IV, 220 f.; K. Schmidt, Gesellschaftsrecht, § 19 III, IV, 414 f.; Wiedemann, Gesellschaftsrecht, Bd. I, § 7, 362, 372 f.; Soergel/Hadding, § 717 Rdnr. 6, 20 f.; MünchKomm.-BGB-Ulmer, § 717 Rdnr. 7, 9 ff.

139 MünchKomm.-BGB-Medicus, vor § 985 Rdn. 5 m. w. N.

140 BGHZ 44, 158, 161; dazu Flume, a. a. O., § 14, 220 ff., 223 Fußn. 53.

141 BGH JR 1954, 59 f.; Fleck, in: Fischer-FS, 118 ff.

wünschten Teilhaber aufgezwungen werden[142]. Da sich die Gesellschafter im Gesellschaftsvertrag die Verwaltungsrechte eingeräumt hätten, um den gemeinsamen Gesellschaftszweck zu erreichen, vertrauten sie auch darauf, daß diese Verwaltungsrechte allein nach dem Ermessen und Charakter, nach der Initiative und der Geschäftserfahrung der am Gründungsvertrag beteiligten Gesellschafter (selbst) wahrgenommen werden. Bei der Ausübung des Stimmrechts durch einen gesellschaftsfremden Dritten würde aber dessen Charakter und sein Ermessen für die Ausübung des Verwaltungsrechts entscheidend sein, ohne daß sein Verhalten der Treuepflicht, als einem die Ausübung von Mitgliedschaftsrechten maßgeblich bestimmenden Instituts des Gesellschaftsrechts, unterliegt. Der Funktionszusammenhang von Herrschaft und Haftung, d. h. der aufeinander bezogenen Rechte, Pflichten und Kompetenzen wäre gelöst, das innere Gefüge der Gesellschafterstellung zerstört[143]. Im Schrifttum[144] wird dieser Argumentation die allgemein anerkannte[145] Zulässigkeit von Stimmrechtsausschlüssen und der Bildung stimmrechtsloser Gesellschaftsanteile entgegengehalten. Wirtschaftlich und rechtlich sei auch die Bildung eines stimmrechtslosen Gesellschaftsanteils nichts anderes als eine "Abspaltung von Verwaltungsrechten", zumal Mitgesellschafter höhere Stimmrechte erhielten.

Dem Schrifttum ist zuzugeben, daß die auf prinzipielle Zusammengehörigkeit eines Vermögensrechts mit seinen Einzelfunktionen abstellenden Argumente an Gewicht verlieren, wenn man die Bildung stimmrechtsloser Anteile für möglich hält. Aber es macht doch einen Unterschied, ob die Abspaltung von Verwaltungsrechten, wie bei der Bildung stimmrechtsloser Anteile, schon im Vertrag erfolgt oder ob sie später ergeht[146].

So wird demjenigen, der einen von vornherein nur mit begrenzten Verwaltungsbefugnissen ausgestatteten Geschäftsanteil erhält, zum Ausgleich häufig eine bessere vermögensrechtliche Stellung eingeräumt. Bei jenen, die es sich gefallen lassen müssen, daß ein gerade auf diesen Anteil bezogenes Stimmrecht unwiderruflich durch einen anderen ausgeübt

142 BGHZ 3, 354 (357).

143 AlternKomm.-Ott, § 1069 Rdn. 9; Wiedemann, Übertragung, 276, 282 f.

144 Erman, in: Nipperdey-FS I, 276, 285, 287.

145 Vgl. BGH, NJW 1956, 1198 mit Nachweisen auf die Rechtsprechung und das Schrifttum.

146 Beuthien, ZGR 1974, 2655; Fleck, in: Fischer-FS, 107, 112.

wird, ist dies nicht der Fall. Im übrigen weist man zutreffend darauf hin, daß der von Rechtsprechung und h. L. gegen die Ausübung des Stimmrechts durch einen anderen geltend gemachte Gesichtspunkt des unter den Gesellschaftern einer Personengesellschaft bestehenden persönlichen Vertrauens dann ins Leere gehen muß, wenn das Stimmrecht trotz Übertragung innerhalb der Gesellschaft verbleibt, weil der Zessionar Mitgesellschafter ist[147].

Als Zwischenergebnis bleibt somit festzuhalten, daß dem Zessionar der Gewinnansprüche ein Zustimmungsrecht zur Übertragung des Gesellschaftsanteils jedenfalls dann zustehen kann, wenn der Zessionar ebenfalls Gesellschafter besagten Handelsgeschäfts ist. Kann einem Gesellschafter wirksam das Stimmrecht eines Mitgesellschafters abgetreten werden, so muß "erst recht" die ihm eingeräumte Letztentscheidungsbefugnis durch Zubilligung eines Zustimmungsrechts zulässig sein. Für die Fälle, in denen der Vorauszessionar nicht Mitgesellschafter ist, bleibt zu prüfen, ob allein der Umstand, daß er nicht haftet, dazu nötigt, ihm das Zustimmungsrecht zur Anteilsübertragung seines Zedenten zu versagen. Dies erscheint angesichts der in der Literatur vorgebrachten Argumente für eine begrenzte Durchbrechung des Abspaltungsverbots nicht mehr zwingend.

So halten neuere Stimmen in der Literatur[148] das Abspaltungsverbot aufgrund der Umgehungsmöglichkeiten[149] durch Ersatzkonstruktionen, die dem wirtschaftlich Gewollten nicht adäquat sind, für eine überwindbare dogmatische Schranke, die grundsätzlich in Frage gestellt werden müsse. Zwar sieht man übereinstimmend mit der h. L. eine dauerhafte Trennung von Stimmrecht und Mitgliedschaft als unwirksam an. Eine vorübergehende Trennung von Stimmrecht und Gesellschaftsanteil soll jedoch zulässig sein, wenn die Abtrennung in Verbindung mit einem gesetzlich oder vertraglich ausgestalteten Rechtsverhältnis einhergeht, das der bestandsmäßigen Abhängigkeit des Stimmrechts von der Mitgliedschaft Rechnung trägt. Eine vertragsmäßige Bindung an die gesellschaftliche Treuepflicht müsse gewährleistet sein. Beim Gesellschafter habe

147 Erman, in: Nipperdey-FS I, 286/7; in dieselbe Richtung bereits Kubisch, NJW 1956, 1753.

148 Fleck, in: Fischer-FS, 107, 112/113.

149 Als Beispiel für derartige Ausweichstrategien erwähnt Fleck in erster Linie die Vollrechtsübertragung an Stelle eines intern gewollten Nießbrauchs oder einer Treuhand am Gesellschaftsanteil.

das alleinige Mitspracherecht für einen Kernbereich von Entscheidungen zu verbleiben. Diese Auffassung beeinträchtigt allerdings Gesellschaftsinteressen.

Die Gesellschaft müßte bei einem Stimmrechtsmißbrauch des Dritten – sofern der Gesellschafter außerstande ist, eine fortwährende gesellschaftsfeindliche Stimmrechtsausübung durch einen Vertragspartner zu verhindern – den gefaßten Beschluß anfechten und äußerstenfalls die Ausschließungsklage gegen den Gesellschafter selbst erheben. Mithin läge das Prozeßrisiko bei den übrigen Gesellschaftern bzw. der Gesellschaft. Trotz der Bedenken, die gegen diese Auffassung bestehen, ist sie erhellend, da sie verdeutlicht, daß der durch das Haftungskorrektiv beschränkte Anwendungsbereich für die Letztentscheidungsbefugnis in Personengesellschaften auch durch vertragliche Bindungen und inhaltliche Beschränkungen des Gegenstandes der Stimmrechtsausübung eröffnet werden kann.

(b) Die Parallele zur Frage des Verhältnisses vom Nießbrauch am Gesellschaftsanteil und gesellschaftsrechtlichen Abspaltungsverbot

Die inhaltlichen Beschränkungen des Gegenstandes der Stimmrechtsausübung sind maßgeblich dafür, daß ein großer Teil der Literatur dem Nießbraucher Mitspracherechte zubilligt. So soll die Zustimmung des Nießbrauchers bei allen ihn berührenden Maßnahmen erforderlich sein. Insbesondere würde die ordentliche Kündigung des Bestellers zugunsten des Nießbrauchers eine Einschränkung erfahren. Für ein Zustimmungsrecht des Vorauszessionars der Gewinnansprüche zur Übertragung des Gesellschaftsanteils käme verstärkend hinzu, daß die Anteilsübertragung keine Haftung zu Lasten der Mitgesellschafter auszulösen vermag und demzufolge der Telos des § 717 S. 1 BGB unverletzt bliebe. Auch ein weiterer Teil der für die Möglichkeit von Mitspracherechten des Nießbrauchers ins Feld geführten Argumente läßt sich auf den Fall der Vorausabtretung der künftigen Gewinnnansprüche übertragen.

So wird neben den angeblich auf alle Formen des Nießbrauchs zugeschnittenen Zuordnungsvorschriften der §§ 1036 f. BGB geltend gemacht, daß der Nießbraucher als Vollnutzungsberechtigter im Regelfall am Wohl der Gesellschaft auf längere Sicht genügend interessiert ist, um ihn als geeigneten Partner bei allen sein dingliches Nutzungsrecht betreffenden Entscheidungen erscheinen zu lassen. Dasselbe dürfte für den

Zessionar der künftigen Gewinnansprüche gelten, wenn die an ihn erfolgte Abtretung Versorgungszwecken diente.

Zusammenfassend läßt sich aus der Parallele zum Nießbrauch am Gesellschaftsanteil der Schluß ziehen, daß es gewichtige Gründe für die Annahme gibt, ein Zustimmungsrecht des Anwärters auf Erwerb der Gewinnansprüche zur Anteilsübertragung würde nicht gegen das gesellschaftsrechtliche Abspaltungsverbot verstoßen. Dabei soll nicht verkannt werden, daß es sehr fraglich ist, ob das Schutzbedürfnis des nur finanziell beteiligten Nießbrauchers ausreicht, um den Gesellschafter jedenfalls insoweit als Mitunternehmer zu verdrängen. Auch wird dadurch nicht geleugnet, daß sich für den Vorauszessionar der Gewinnansprüche, anders als für den Nießbraucher am Gesellschaftsanteil, keine Beteiligung mitgliedschaftlicher Art denken läßt.

(2) Stellungnahme

Kann allein aus gesellschaftsrechtlichen Gründen die uneingeschränkte Gestaltungsbefugnis des Zedenten hinsichtlich des Grundverhältnisses nicht ohne Bedenken bejaht werden, so muß zur Frage der schuldrechtlichen Schwäche des Anwartschaftsrechts grundsätzlich Stellung bezogen werden. Dabei vermag die Interessenbewertung keine Klärung zu bringen. Der Anwartschaftszweiterwerber ist zwar wie jeder andere Sicherungsnehmer nicht dagegen geschützt, daß sich der Sicherungsgeber gegen die Sicherungsabrede verhält und dadurch die Erwerbschance vereitelt: Verhält sich der Veräußerer (= Sicherungsgeber) vertragswidrig, ist er zwar dazu dem Anwartschaftszweiterwerber gegenüber nicht berechtigt, gleichwohl kann er sich demgemäß verhalten. Die Folge besteht allein darin, daß sich der Anwartschaftszweiterwerber mit Ersatzansprüchen an seinen Vertragspartner (den Veräußerer) halten kann. Demzufolge wäre ein Mangel an Immunität beim Anwartschaftsrecht anzunehmen. Andererseits spricht gegen eine schuldrechtliche Schwäche des Anwartschaftsrechts, daß bei zustimmungsfreien Modifizierungen des Anwartschaftsrechts die dem Zweiterwerber (= Vorauszessionar) beim Eigentumsvorbehalt zustehende Möglichkeit, gem. § 267 BGB den Restkaufpreis zu zahlen und somit das Eigentum auf sich umzuleiten, nicht erhalten bliebe.

Rechtskonstruktive Überlegungen aufgrund eines Vergleichs von Vollrecht und Anwartschaftsrecht scheinen aus vorgegebenen Konstanten die Entscheidung ableiten zu können: Ohne besondere gesetzliche oder rechtsgeschäftliche Eingriffsermächtigung sei es nur für die an der Übertragung des Vollrechts beteiligten Parteien möglich, in das Vollrecht einzugreifen. Für das Anwartschaftsrecht als Vorstufe zum Vollrecht müsse das gleiche gelten, so daß Rechtsgeschäfte hinsichtlich des Grundverhältnisses, die zwangsläufig zu einer inhaltlichen Änderung des Anwartschaftsrechts führten, ohne Zustimmung des Anwartschaftszweiterwerbers unzulässig seien. Denn der Zedent sei hierzu nach Übertragung des Rechts auf einen Dritten infolge fehlender Rechtszuständigkeit nach § 185 BGB unbefugt. Überzeugend ist dies nicht.

Wie stark auch immer die Überzeugungskraft des Satzes von der Notwendigkeit einer (gesetzlichen oder rechtsgeschäftlichen) Eingriffsermächtigung für alle, die legitim in fremde Vollrechte einzugreifen wünschen, sein mag, nie ist mit ihm auch schon ein Parallelschutz von Anwartschaften gegen jene zwingend gegeben, die das Recht einleiteten und nach den allgemeinen Regeln Herrn des Tatbestandes sind, dessen Rechtsfolge das Anwartschaftsrecht ist. Zur Selbständigkeit ausgegliederte Entwicklungsstufen subjektiver Rechte sind Gefahren ausgesetzt, die Vollrechten fremd sind. Daß zu diesen Gefahren jedenfalls der Eingriff in die rechtsgeschäftlichen Grundlagen nicht gehört, war zu beweisen, nicht vorauszusetzen.

Vor diesem Hintergrund gewinnen wirtschaftspolitische Erwägungen an Gewicht, denen zufolge die Anwartschaft bei Anerkennung einer schuldrechtlichen Schwäche in unerwünschter Weise für die Kreditpraxis an Bedeutung verlieren würde.

Wie manch andere Entscheidung zum Anwartschaftsrecht ist deshalb die zu befürwortende Immunisierung gegen rechtsgeschäftliche Eingriffe der Vertragsparteien in die Voraussetzungen des Vollrechts letztlich nur als Akt der Rechtsfortbildung zu begreifen, der seine Rechtfertigung in der Kette jener Urteile findet, die das Anwartschaftsrecht zum tauglichen Objekt der Kreditsicherung ausgestaltet. Mithin handelt es sich lediglich um die Konsequenz des einmal begonnenen Gedankens, der die Entscheidung trägt und die Kritik an den Beginn der Entscheidungskette zurückweist. Wer mit der Entwicklung hadert, muß sie von Anfang an verwerfen.

Unter diesem Blickwinkel läßt sich folgendes festhalten: Die weit verbreitete Ansicht, die das Erstarken der schuldrechtlichen Anwartschaft in der Person des Vorauszessionars von dem Weiterbestehen der vertraglichen Gläubigerstellung des Zedenten abhängig macht, vermag nicht zu überzeugen. Zwar ist das Anwartschaftsrecht mit dem schuldrechtlichen Grundverhältnis unlösbar verknüpft, doch ist der Zedent grundsätzlich daran gehindert, ohne Zustimmung des Zessionars vor Entstehung der Forderung auf das Grundverhältnis einzuwirken. Die Rechtsfigur des Anwartschaftsrechts stützt demnach einen Vorrang des späteren Anteilserwerbs vor früheren Gewinnabspaltungen nicht.

5. *Zusammenfassung*

Nachdem das erste Teilergebnis unter 1. in der Feststellung bestand, daß nach der einfachen und deshalb äußerst praktikablen Prioritätslösung der Anteilserwerber nur den an einen Dritten vorabgespaltenen Auseinandersetzungsanspruch, nicht hingegen die Gewinnansprüche miterwirbt, war es die Aufgabe der Abschnitte 2. – 4. nach Ausnahmeregelungen zu suchen, die den Anteilserwerber weitergehend begünstigen. Weder die Regeln des gutgläubigen Erwerbs, noch allgemeine Ordnungsprinzipien oder gar eine schuldrechtliche Schwäche des Anwartschaftsrechts vermochten einen weitergehenden Schutz des Anteilserwerbers auch gegenüber Gewinnabspaltungen zu belegen. Somit lautet das zweite Teilergebnis der Arbeit: Das Dogma vom Vorrang der Stammrechtsverfügung ist Postulat und nicht Beweis. Zu untersuchen bleibt, ob das eingangs referierte erste Teilergebnis dogmatisch Bestand hat.

6. *Dogmatische Schlußbetrachtung*

Vergleicht man die einzelnen Ansprüche des § 717 S. 2 BGB miteinander, dann fallen neben der unterschiedlichen Abhängigkeit von der Kündigungsbefugnis des Gesellschafters noch weitere Regelungsunterschiede auf. Anteil und Auseinandersetzungsguthaben sind anders als Anteil und Gewinnanspruch untrennbar miteinander verbunden, weil die Übertragung des Auseinandersetzungsanspruchs praktisch der wichtigste Zweck der Verfügung über den Anteil ist. Diesem Gedanken kann man nicht entgegenhalten, daß nach § 413, 2. Halbs. BGB eine Ausnahme von dem in §§ 413, 398 BGB verankerten Grundsatz der Abtretbarkeit aller Rechte nur vom Gesetzgeber angeordnet werden kann, denn auch bei der

Verabschiedung des § 413 BGB ging der Gesetzgeber davon aus, daß nie sowohl der Auseinandersetzungsanspruch als auch der Anteil abgetreten werden könnten.

B. Übertragung der Mitgliedschaft nach Abspaltung der künftigen Auseinandersetzungsforderung im Zusammenhang mit der Sondererbfolge in den Personengesellschaftsanteil

Gehen mit dem Erbfall nach § 1922 BGB neben sonstigen Werten auch unternehmerisch gebundene Vermögenspositionen, wie eine Gesellschaftsbeteiligung, auf den oder die Erben über, so führt das dazu, daß erbrechtliche Regelungen auf gegenläufige handels- oder gesellschaftsrechtliche Wertungen treffen[150].

Besonders offenkundig ist der Widerspruch zwischen dem Erbrecht und dem Gesellschaftsrecht bei den Problemen, die sich aus der Nachfolge mehrerer Erben in den Gesellschaftsanteil des Erblassers ergeben. So ist die gesamthänderisch strukturierte, auf Auseinandersetzung angelegte Erbengemeinschaft nicht geeignet, die Stellung eines persönlich haftenden Gesellschafters auszufüllen. Deshalb wurde der Grundsatz vom Vorrang des Gesellschaftsrechts vor dem Erbrecht aufgestellt. Danach rücken Miterben nicht als Gesamthand, sondern einzeln im Wege der Sondernachfolge in den Gesellschaftsanteil ein (sog. "Sonderzuordnung der Mitgliedschaft"; hierzu gleich unter 1.).

Hinsichtlich der Folgeprobleme (dazu unten 2.), die die Sonderzuordnung des Gesellschaftsanteils mit sich bringt, ist im Gesellschaftsrecht vieles umstritten. Dabei besteht u. a. Uneinigkeit darüber, ob der Gesellschaftsanteil des Erblassers noch zum Nachlaß zu zählen ist.

Nach herrschender Lehre[151] und neuerer Rechtsprechung[152] gehört der Gesellschaftsanteil zum Nachlaß. Trotz dinglicher Zuordnung zum Nachfolger-Erben unterliegt er damit erbrechtlichen Regelungen. Die Mitgliedschaft inklusive der Vermögensrechte ist dem Erben jedoch einheitlich außerhalb der Gesamthandsbindung zugeordnet[153]. Dieser kann unmittelbar mit dem Anfall der Erbschaft frei über den wirtschaftlichen Wert der Beteiligung verfügen, indem er beispielsweise die Mitglied-

150 Monographisch Siebert, Gesellschaftsvertrag und Erbrecht (3. Auflage 1958); Wiedemann, Übertragung, (insbesondere) 151 ff.

151 Flume, NJW 1988, 161 ff.; Marotzke, JZ 1986, 458; ders., JR 1988, 184 ff.; Raddatz, Diss., 39 ff., 141 ff.; Schlegelberger/Karsten Schmidt, § 139 Rdn. 17.

152 BGHZ 98, 48 ff. (IV a Senat); BGHZ 108, 189 ff. (II. Senat); BGH, NJW 1996, 1284 f. (IV. Senat).

153 Wie hier BGHZ 98, 48, 57; a. A. insoweit BGHZ 108, 187, 192, der die Vermögensrechte dem gesamthänderisch gebundenen Nachlaß i. S. v. § 2032 BGB zuordnet.

schaft kündigt und den Abfindungsanspruch zur Tilgung eigener Schulden verwendet. Nachlaßschulden und Ausgleichsansprüche von Miterben müssen zuvor nicht befriedigt werden. Die Folge hieraus ist, daß im Falle der Anteilsübertragung durch den Nachfolger/Erben die Nachlaßgläubiger und Miterben ihre berechtigten Ansprüche nicht realisieren können, wenn dieser sonst kein nennenswertes Eigenvermögen hat.

Die sog. Abspaltungslösung (hierzu unten 3.), wonach nicht der Anteil als solcher, wohl aber der den Anteilswert im wesentlichen verkörpernde Anspruch auf das Auseinandersetzungsguthaben zum Nachlaß zählt, trägt den Bedürfnissen der übrigen Nachlaßbeteiligten im Ansatz wesentlich besser Rechnung: Die Sicherheit, die mit der Zuordnung der Auseinandersetzungsforderung zum gesamthänderisch gebundenen Nachlaß besteht, ist für die Forderungen von Nachlaßgläubigern und Miterben regelmäßig ausreichend[154]. Bedenken gegen sie resultieren daraus, daß mit der Abspaltung der übertragbaren Ansprüche kein Verfügungsverbot über den Anteil verbunden ist[155]. Die durch die sog. Abspaltungslösung geschaffene Sicherheit wäre demnach nicht von Dauer, wenn durch eine Anteilsübertragung des Nachfolgers/Erben der Anspruch auf das Auseinandersetzungsguthaben "mitgezogen" und damit den Nachlaßgläubigern sowie der Erbengemeinschaft entzogen würde (hierzu unten 4.).

Letzteres müßte dazu führen, die Ergebnisse zum Verhältnis von rechtsgeschäftlicher Vorausabtretung der gesellschaftsrechtlichen Einzelansprüche und späterer Anteilsübertragung einer erneuten Prüfung zu unterziehen.

1. Sonderzuordnung der Mitgliedschaft

Das Recht der Personengesellschaften beruht auf dem besonderen persönlichen Vertrauen aller Gesellschafter zueinander[156]. Das Gesetz macht deshalb den Fortbestand der Gesellschaft von ihrer unveränderten personellen Besetzung abhängig. Wenn auch nur ein Gesellschafter wegfällt,

154 Kritisch insoweit BGHZ 98, 48, 56 mit dem Hinweis, daß der Anspruch auf das Auseinandersetzungsguthaben kein Äquivalent für den Anteil biete, weil er gesellschaftsvertraglich für den Fall der Abfindung häufig beschränkt sei.

155 Kritisch hierzu Ulmer, JuS 1986, 856, 859 ff.

156 BGH, WM 1963, 282, 283 f.; BGH, WM 1975, 329, 330; Fischer in: Großkomm. HGB, 3. Auflage, Bd. II 1 1973, § 105 Anm. 31 a.

so führt das grundsätzlich zur Auflösung der Gesellschaft, §§ 723 ff. BGB, 131 HGB. Umgekehrt braucht sich auch kein Gesellschafter gegen seinen Willen auf einen neuen Mitgesellschafter einzulassen. Daher wird nach §§ 727 Abs. 1 BGB, 131 Nr. 4, 161 Abs. 2 HGB eine Personengesellschaft grundsätzlich durch den Tod eines Gesellschafters aufgelöst. Etwas anderes gilt von Gesetzes wegen für die Vererbung eines Kommanditanteils. Dem kapitalistischen Charakter der Kommanditbeteiligung entspricht es, daß der Tod des Kommanditisten gem. § 177 HGB kein Auflösungsgrund ist[157]. Daraus läßt sich ohne weiteres schließen, daß an die Stelle des verstorbenen Kommanditisten sein Erbe tritt. Das gleiche gilt gem. § 234 Abs. 2 HGB auch für die Nachfolge in stille Beteiligungen.

Als Folge der vom Gesetz vorgesehenen Auflösung der Gesellschaft und ihrer Umwandlung in das Liquidationsstadium tritt der Erbe oder die Erbengemeinschaft als solche in die Stellung des Verstorbenen als Liquidationsgesellschafter (vgl. § 146 Abs. 1 S. 2 HGB) ein. Um die mit der Liquidation verbundene Zerschlagung wirtschaftlicher Werte zu vermeiden, kann eine sog. Fortsetzungsklausel im Gesellschaftsvertrag vereinbart werden[158]. Nach §§ 736 BGB, 138 HGB scheidet der Verstorbene aus der Gesellschaft aus. Die Gesellschaft besteht weiter und es entstehen mit dem Zeitpunkt des Todes in der Person des Erblassers die Ansprüche aus §§ 738 ff. BGB, die kraft Universalsukzession auf den Erben oder die Erbengemeinschaft übergehen. Überwiegend wird im Gesellschaftsvertrag jedoch bestimmt, daß mit dem Tode eines Gesellschafters sein Erbe bzw. seine Erben in die Mitgliedschaft einrücken sollen. Eine solche Nachfolgeklausel stellt also die Mitgliedschaft vererblich[159]. Es entsteht somit anders als bei der Fortsetzungsklausel kein Abfindungsanspruch nach § 738 Abs. 1 S. 2 BGB, weil die Mitgliedschaft als solche nicht erlischt, sondern derivativ von dem oder den Erben erworben wird[160]. Der mit der Fortsetzungsklausel verbundene Kapitalabfluß infolge Abfindung des (der) Erben wird vermieden.

---

157 G. Hueck, Gesellschaftsrecht, § 18 VII 2, 147; Wiedemann, Übertragung, 172.

158 Zu den denkbaren Vereinbarungen, die dem Ziel dienen, eine mit der Liquidation verbundene Zerschlagung wirtschaftlicher Werte zu vermeiden, Palandt-Edenhofer § 1922 Rdnr. 14 ff.

159 BGHZ 22, 191.

160 Ausführlich Kipp/Coing, Erbrecht, § 91, 508 f.; des weiteren BGHZ 68, 225; H. P. Westermann, JuS 1979, 769; Wiedemann, JZ 1977, 691.

Geht man von der erbrechtlichen Qualifikation der Nachfolgeklausel aus, so indiziert dies die Geltung des Prinzips des ungeteilten Anfalls des Nachlasses an eine Miterbengemeinschaft[161]. Schwierigkeiten ergeben sich aus diesem Erfordernis besonders dann, wenn im Zuge einer mit der Nachfolgeklausel übereinstimmenden Erbfolge mehrere Erben automatisch Gesellschafter werden sollen. Nachfolger müßte hier an sich zunächst die Miterbengemeinschaft werden, die sich dann nach allgemeinen Regeln auseinanderzusetzen hätte.

Es entspricht jedoch einer seit langem gesicherten Rechtsprechung[162] und herrschenden Meinung[163], daß die Miterben den Gesellschaftsanteil nicht in ihrer Verbundenheit als Erbengemeinschaft nach §§ 1922 Abs. 1, 2032 BGB ff. erwerben, sondern dieser den Erben persönlich zusteht[164]. Die wichtigsten Bedenken lauten wie folgt: Die Erbengemeinschaft kann im Rechtsverkehr nicht als geschlossene Einheit auftreten, was aber die Mitwirkung in einer oHG unabdingbar erfordert[165]. Hiermit sind hauptsächlich die nach § 2038 Abs. 1 BGB grundsätzlich erforderliche Einstimmigkeit bei der Verwaltung der Miterbengemeinschaft sowie die nach § 2040 BGB gegebene Notwendigkeit gemeinschaftlicher Verfügung über Nachlaßgegenstände gemeint, die zu der auf die Einzelperson zugeschnittenen Handlungsbefugnis der Gesellschafter einer oHG nicht passen[166]. Diese Inkompatibilität kann, wie die §§ 2038 Abs. 2, 745 Abs. 1 BGB zeigen, durch Vereinbarungen innerhalb der Erbengemeinschaft abgemildert werden[167]. Die Miterben können etwa einen Erbschaftsver-

---

161 H. P. Westermann, JuS 1979, 765.

162 Ständige Rechtsprechung seit 1886, vgl. RGZ 16, 40 (56); BGHZ 22, 186 (192) = NJW 1957, 180; BGHZ 68, 225 (237) = NJW 1977, 1339.

163 Robert Fischer in: Großkomm.-HGB, 3. Aufl. (1973), § 105 Rdn. 28a; Ulmer, ebenda, § 139 Rdn. 47, und in: MünchKomm.-BGB, § 705 Rdn. 59 m. w. N.

164 Für die Zulassung der Erbengemeinschaft als Gesellschafterin hingegen noch Ebert, Diss., 114 ff.; Köbler, Diss., 99 ff., 125 ff.; Börner, AcP 166 (1966), 447 ff.; Kruse, in: Laufke-FS, 184 ff.; Stötter, DB 1970, 528 f.; zwischen der Beteiligung und dem Gesamthandsanteil differieren Küster, Diss., 47-58; er hält nur die (Vermögens-) Beteiligung für vererblich und meint, sie falle in die Erbengemeinschaft; nach geltendem Recht ist aber beides nicht trennbar.

165 Eingehend H. P. Westermann, 2. Auflage (1975) Handbuch der Personengesellschaften, Rdn. 516.

166 BGHZ 22, 192; BGHZ 68, 225, 237; Wiedemann, Übertragung, 201; H. P. Westermann, JuS 1979, 766.

167 H. P. Westermann, JuS 1979, 761, 766.

walter mit Vertretungsmacht bestellen, was nicht selten stillschweigend geschieht, indem einem Miterben die ganze Verwaltung überlassen wird[168].

Unpassend für die Verhältnisse in der Personengesellschaft ist allerdings die Veräußerlichkeit der Miterbenanteile nach § 2033 BGB und das Recht, Auseinandersetzung zu verlangen[169]. Deutlich der Einzelperson zugebilligt ist auch das Recht "jedes Erben", gemäß § 139 HGB sein Verbleiben in der Gesellschaft von der Einräumung einer Kommanditistensteltung abhängig zu machen[170]. Somit kann die in die Mitgliedschaft eintretende "Gruppe" von Erben vor dem Zerfall nicht bewahrt werden[171].

Das Ergebnis zeigt: Mitgliedschaftsrechte an einer Personengesellschaft gehen, wenn diese durch den Erbfall nicht aufgelöst wird (§ 727 Abs. 1 BGB, § 131 Nr. 4 HGB), im Wege der Einzelrechtsnachfolge auf die Erben über, soweit diese im Gesellschaftsvertrag als Nachfolger zugelassen sind.

2. *Folgeprobleme*

Wird, obwohl mehrere Erben vorhanden sind, ein Nachlaßgegenstand entgegen § 2032 Abs. 1 BGB sofort einem von ihnen ganz oder mehreren geteilt zugeordnet, so führt das zu erbrechtlichen Folgeproblemen. Nach §§ 2058, 421 BGB haften die Erben als Gesamtschuldner mit dem Nachlaß für die Nachlaßverbindlichkeiten. Solange der Nachlaß nicht geteilt ist, braucht ein Miterbe, der die erbrechtliche Haftungsbeschränkung nicht verwirkt hat, den Nachlaßgläubigern nur seinen Anteil an der Erbengemeinschaft zur Verfügung zu stellen. Der Zugriff auf das Eigen-

---

168 Brox, Erbrecht, Rdn. 466.

169 Wiedemann, Übertragung, 201.

170 Düringer-Hachenburg-Flechtheim, HGB, 3. Auflage (1932), § 139 Rdn. 15; Wiedemann, Übertragung, 196 ff., schließen hieraus, die Einzelrechtsnachfolge gehe schon aus dem Wortlaut des § 139 HGB hervor. Für diese Auffassung spricht auch, daß schon vor Erlaß des HGB die Entscheidung RGZ 16, 40 ff. vorlag, die von einer Einzelrechtsnachfolge ausging. Breite Aufbereitung der Historie bei Säcker, Gesellschaftsvertragliche und erbrechtliche Nachfolge in Gesamthandsmitgliedschaften, 1970, 43 ff.; Flume, Die Personengesellschaft, § 18 II 1.

171 Wiedemann, Übertragung, 197 ff.; H. P. Westermann, JuS 1979, 761, 766.

vermögen ist ihnen aufgrund des jedem Miterben nach § 2059 Abs. 1 S. 1 BGB eingeräumten Einrederechts verschlossen. Dafür sind zum Ausgleich die Nachlaßgegenstände dem Zugriff der Eigengläubiger der einzelnen Erben entzogen. Allein schon die in § 2032 Abs. 1 BGB angeordnete gesamtschuldnerische Bindung hat im Fall der Erbengemeinschaft die Entstehung des Sondervermögens "Nachlaß" zur Folge. Die Trennung der Vermögensmassen tritt demnach bei einer Erbenmehrheit ein, ohne daß es dazu der allgemeinen Institute zur Beschränkung der Erbenhaftung (Nachlaßverwaltung, Nachlaßkonkurs) bedürfte[172]. Für den im Wege der Sonderzuordnung aus dem Gesellschaftsvermögen der Erbengemeinschaft ausgegliederten Gesellschaftsanteil ist dieses Prinzip der Aufteilung der Vermögensmassen zunächst einmal außer Kraft gesetzt[173]. Bliebe es dabei, dann wäre den Nachlaßgläubigern durch die Sondervererbung der Zugriff auf den Vermögenswert des Gesellschaftsanteils genommen. Ihre Rechtsstellung würde im Widerspruch zur erbrechtlichen Vermögensordnung des Bürgerlichen Gesetzbuches verschlechtert[174].

3. Die Abspaltungslösung

Einen Ausweg aus dem Konflikt zwischen allgemeinem Erbrecht und Sonderzuordnung des durch Erbfall übergegangenen Anteils an einer Personengesellschaft bietet nach einer neueren Lehre[175], die sich auch

172 Ulmer, NJW 1984, 1496, 1498.

173 Stodolkowitz, in: Kellermann-FS, 439, 441.

174 BGHZ 98, 48; Ulmer, NJW 1984, 1496, 1500.

175 Auf Flechtheim in: Großkomm. HGB, 3. Aufl., § 139 Rdn. 15 und A. Hueck, oHG, 4. Auflage, 411 Fußn. 25 zurückgehende Lehre. In jüngster Zeit wurde sie insbesondere von Ulmer vertreten, so beispielsweise in: Schilling-FS, 79, 93 ff.; ders., in: Großkomm. z. HGB, 3. Auflage, § 139 Rdn. 57; NJW 1984, 1496, 1500 ff. Anders zuletzt Ulmer/Schäfer, ZHR 160 (1996), 413 ff. mit dem Argument, daß sich die zur vermögensmäßigen Sicherung des Nachlasses und der daran Beteiligten entwickelte Abspaltungsthese infolge der vom BGH in ständiger Rechtsprechung anerkannten Nachlaßzugehörigkeit des Gesellschaftsanteils erledigt habe. Es bestünde kein Bedürfnis mehr, dem Nachlaß ein vermögensrechtliches Äquivalent für den auf den Nachfolger-Erben übergegangenen Anteil zu verschaffen.

der II. Zivilsenat des Bundesgerichtshofes[176] in einigen Entscheidungen zueigen machte, die Zuordnung des Anspruchs auf das Auseinandersetzungsguthaben – bzw. des ihm entsprechenden Abfindungsanspruchs bei vorzeitigem Ausscheiden – zum gesamthänderisch gebundenen Nachlaß trotz Sondervererbung des Anteils[177]. Da dieser Anspruch nach der gesetzlichen Regel den Vermögenswert des Anteils verkörpert, ist dem Sicherungs- und Befriedigungsbedürfnis der Nachlaßgläubiger damit Genüge getan[178]. Auch wird dadurch eine wertmäßige Auseinandersetzung zwischen dem Nachfolger in den Anteil und "weichenden", d. h. nicht zur Nachfolge berufenen Erben, erleichtert. Schließlich haben die Nachlaßgläubiger und sonstigen Nachlaßbeteiligten auch die Möglichkeit, auf dem Weg über § 135 HGB den Anteilswert zu liquidieren und durch Kündigung der Mitgliedschaft sich aus dem Abfindungsguthaben zu befriedigen[179].

Hinsichtlich der rechtstechnischen Konstruktion der Abspaltungslösung ist auszugehen von dem verbreiteten und gerade in der Diskussion über die Testamentsvollstreckung an Kommanditanteilen häufig beschworenen Grundsatz, daß das Erbrecht dem Gesellschaftsrecht nur insoweit weichen dürfe, als zwischen beiden Unvereinbarkeit besteht. Angesichts der Regelung des § 717 S. 2 BGB, die abweichend von dem für Verwaltungsrechte geltenden Abspaltungsverbot die Abtretung des Anspruchs auf das Auseinandersetzungsguthaben zuläßt, liegt es dann nahe, auch für seine Vererbung nicht die Sondererbfolge eingreifen zu lassen, sondern insoweit dem Prinzip der Gesamtrechtsnachfolge (§§ 1922 Abs. 1, 2032 Abs. 1 BGB) den Vorrang einzuräumen[180]. Der "Tribut des Erbrechts an das Gesellschaftsrecht"[181] beschränkt sich danach auf die Mit-

176 BGHZ 91, 132, 136 f.; BGHZ 108, 187, 192; WM 1981, 140, 141; WM 1985, 656, 657; WM 1987, 981, 982.

177 Pointiert Ulmer, in: Großkomm.-HGB, § 139 Rdn. 58.

178 Zur Sonderproblematik der gesellschaftsvertraglichen Beschränkung des Abfindungsanspruchs und ihrer Bedeutung für die Bemessung des Anteilswertes im Verhältnis zu weichenden Erben und Pflichtteilsberechtigten vgl. Ulmer, in: Großkomm.-HGB, § 139 Rdn. 187 ff., 194 ff.

179 Das gilt auch für Testamentsvollstrecker und Nachlaß(konkurs-)verwalter, soweit sie in Ausübung ihrer Befugnisse den Vermögenswert des Anteils für den Nachlaß liquidieren müssen. So für den Testamentsvollstrecker schon Wiedemann, Übertragung, 340.

180 Ulmer, NJW 1984, 1496, 1501.

181 Wiedemann, Übertragung, 207.

gliedschaft als solche einschließlich der nach § 717 S. 1 BGB nicht getrennt übertragbaren Teile. Das bedeutet, daß die Gesellschafterstellung sowie die damit verbundenen Verwaltungsrechte dem Nachfolger/Erben persönlich zustehen, daß es hingegen für den im Anspruch auf das Auseinandersetzungsguthaben verkörperten Vermögenswert der Beteiligung bei der Universalsukzession verbleibt. Mag dem Gesellschaftsrechtler diese Vorstellung auf den ersten Blick auch befremdlich sein[182], so ist doch zu bedenken, daß es dem Nachfolger/Erben im allgemeinen leicht fallen wird, sich den Vermögenswert des Anteils wiederzubeschaffen, ja daß diese Rechtsfolge meist schon aufgrund konkludenter Übertragung im Zuge der Nachlaßteilung eintreten wird.

4. Abspaltungslösung und Vorrang der Stammrechtsverfügung

Es bleibt ein das Auseinanderfallen von Anteil und Auseinandersetzungsanspruch i. S. der Abspaltungsthese betreffender systematischer Einwand. Er beruht auf der hier vertretenen Ansicht, wonach die rechtsgeschäftliche Abtretung des künftigen Anspruchs auf das Auseinandersetzungsguthaben an einen Dritten wirkungslos wird, wenn der Anteil vor Auflösung der Gesellschaft an einen Nachfolger übertragen wird[183]. Wenn man die kraft Gesetzes eintretende Trennung von Auseinandersetzungsanspruch und Anteil bei Tod des Gesellschaftererblassers dem Fall der rechtsgeschäftlichen Vorausabtretung der gesellschaftsrechtlichen Einzelansprüche gleichstellte, könnte die Abspaltungslösung in Verknüpfung mit dem Vorrang der Stammrechtsverfügung dazu führen, daß die Miterben die nach § 717 S. 2 BGB selbständig abtretbaren Einzelansprüche bei einer Veräußerung verlören[184].

---

182 Das zeigt die ablehnende Reaktion im gesellschaftsrechtlichen Schrifttum, während die erbrechtlichen Kommentare zu § 2205 BGB der These überwiegend gefolgt sind. Vgl. Flume, Die Personengesellschaft, 1977, 163 ff., 381 f. Wiedemann, JZ 1977, 691 f.; Bommert, BB 1984, 180 f.; Esch, NJW 1984, 341; zustimmend aber BGH, NJW 1981, 749 (750) (obiter); Münchkomm.-BGB-Brandner, § 2205 Rdnr. 18 f.; Soergel-Damrau, § 2205 Rdnr. 29 f.

183 Vgl. oben Seite 93 ff.

184 So dann auch Bommert, BB 1984, 181; Flume, a. a. O., 162 und 356; Konzen, ZHR 145 (1981), 44 f.

a. Gleichstellung der erbrechtlichen mit der rechtsgeschäftlichen Vorabspaltung des Auseinandersetzungsguthabens

Für die Abweichung vom Grundsatz einer ins Leere gehenden Vorabspaltung bei späterer Anteilsübertragung werden angebliche Wertungsunterschiede[185] zwischen rechtsgeschäftlicher Vorausabtretung und erbrechtlicher Abspaltung der Auseinandersetzungsforderung geltend gemacht[186]: Die erbrechtliche Abspaltung könne im Gegensatz zur rechtsgeschäftlichen Vorausabtretung durch eine spätere Anteilsübertragung nicht unwirksam werden, da der Nachfolger/Erbe den Anspuch nicht vorweg abgetreten, sondern wegen der im Zeitpunkt des Erbfalls eintretenden Trennung nie erlangt habe. Derjenige, dem der Anteil später übertragen werde oder dem ein Pfandrecht daran zustehe, erwerbe somit keine Rechte an jenem Anspruch[187]. Der Erwerber müsse sich, wenn er auf diesem Wege den Anteil ohne Vermögenswert erwirbt, wegen des Rechtsmangels an den Nachfolger/Erben halten. Von seiten der Literatur wird ergänzend darauf verwiesen, daß nachträgliche Verfügungen des Nachfolgers/Erben über den Gesellschaftsanteil "wenig wahrscheinlich" seien[188]. Sachlich vermag das nicht zu überzeugen. Das sei nachfolgend dargestellt.

Die Richtigkeit jener Argumentation ist schon deshalb nicht einzusehen, weil es jedenfalls aus der Sicht des Anteilserwerbers nicht auf die Gründe ankommen kann, aus denen der mit der Mitgliedschaft verbundene künftige Anspruch nicht dem Anteilsveräußerer, sondern einem anderen zustand[189]. Hinzu kommt, daß die Begründung, eine spätere Anteilsübertragung sei unwahrscheinlich, zu wenig Substanz enthält: Angesichts des Bedrohungsgehalts, der von einer Gleichbehandlung der erbrechtlichen Abspaltung des Auseinandersetzungsanspruchs mit der Abspaltung jener Forderungen infolge rechtsgeschäftlicher Vorausabtretungen ausgeht, zeigen Äußerungen, die eine weitere Diskussion für überflüssig erklären, nicht unbedingt ein sicheres Fundament. Insbesondere

185 BGH, WM 1985, 656, 658; WM 1987, 981, 982.

186 Insofern verweist der BGH lediglich auf Äußerungen Ulmers, vgl. BGH, JZ 1987, 880.

187 Ulmer, NJW 1984, 1496, 1502. Gleichlautend U. Koch, BB 1987, 2106 (2107); Götte, DNotZ 1988, 603 (610).

188 Ulmer, NJW 1984, 1496 (1501 f.).

189 Müller, ZIP 1994, 342, 344.

ist anzumerken, daß für ein neueres BGH-Urteil[190] der als wenig wahrscheinlich bezeichnete Sachverhalt gerade entscheidungserheblich war. Schließlich beruht die Argumentation des Bundesgerichtshofes auf einem inneren Widerspruch, wie der Vergleich mit jener Konstellation zeigt, in der der Erblasser bereits zu Lebzeiten seinen künftigen Auseinandersetzungsanspruch abgetreten hatte: Wie im Fall der Abspaltungslehre erhält der Nachfolger/Erbe nur einen um die vermögensrechtlichen Einzelansprüche "entleerten" Gesellschaftsanteil. Dennoch könnte er nach herrschender Meinung den Anteil mit der Wirkung abtreten, daß der neue Inhaber des Gesellschaftsanteils auch zum Inhaber der bereits anderweitig vorausabgetretenen Vermögensansprüche wird. Der Erbe ist vollständig in die Rechtsstellung des Erblassers eingerückt, und dessen entsprechendes Vorgehen zu Lebzeiten hätte diese Rechtsfolge nach allgemeinen Grundsätzen ausgelöst. Argumentum a fortiori kann aber nichts anderes gelten, wenn der Anteil erst später (im Erbgang) der Vermögensrechte entkleidet wird[191].

Rechtskonstruktive Überlegungen stützen diese Argumentation: Die Trennung der Vermögensrechte vom Anteil läßt sich nur als cessio legis auffassen[192]; über § 412 BGB würden dann die für die rechtsgeschäftliche Forderungszession geltenden Vorschriften und Grundsätze auf die erbrechtliche Anspruchsabspaltung entsprechende Anwendung finden. Allerdings fordert § 412 BGB eine gesetzliche Vorschrift, die den vom Willen der Beteiligten unabhängigen Forderungsübergang anordnet. Als solche Vorschrift kommt allein § 1922 BGB in Betracht. Auch dies zeigt: Die erbrechtliche Abspaltung des Auseinandersetzungsanspruchs beruht auf den Vorschriften der §§ 1922, 412 BGB und ist damit parallel zur rechtsgeschäftlichen Abtretung zu behandeln. Als Zwischenergebnis bleibt festzuhalten, daß für den Fall der Anteilsübertragung durch bevorzugte Miterben nichts anderes als im Fall der Stammrechtsverfügung nach rechtsgeschäftlicher Vorausabtretung des Auseinandersetzungsanspruchs gelten kann.

---

190 BGH, NJW 1985, 1953.

191 So bereits Raddatz, Diss., 116.

192 Raddatz, Diss., 114 f.; Spiritus, Diss., 173.

b. Konsequenzen

Nach der hier dargelegten Ansicht, wonach die spätere Anteilsübertragung der Vorabspaltung des Auseinandersetzungsguthabens vorgeht, verfehlt die Abspaltungslehre das vorgegebene Ziel der umfassenden Sicherung des Anteilswertes für den Nachlaß. Das Ergebnis ist gleichwohl sachgerecht: Aus Sicht der Nachlaßgläubiger und Miterben kommt dem Auseinandersetzungsanspruch wegen der allein für die Gesellschafter fortbestehenden Möglichkeit, die Berechnungs- und Auszahlungsmodalitäten der Forderung zu ändern, ein spekulatives Element zu. Die Vereitelung ihres Anspruchs durch eine Verfügung des Erben über den Anteil stellt sich lediglich als Realisierung dieses Risikos dar.

Des weiteren verlangt der Vorrang des Gesellschaftsrechts gegenüber dem Erbrecht, die hier dargelegte Auffassung zum Verhältnis von Vorabspaltung des Auseinandersetzungsanpruchs und späterer Anteilsübertragung beizubehalten: Der Vorrang der Anteilsübertragung sichert die Bedeutung der Verbandsform Personengesellschaft gegenüber den Körperschaften. Denn die Möglichkeit der Übertragung der Mitgliedschaft als einer einheitlichen Rechtsposition ist für die Personengesellschaften in jahrzehntelangen dogmatischen Auseinandersetzungen erstritten worden, um – wie bei Kapitalgesellschaften – den Wechsel im Personenkreis der Gesellschafter zu ermöglichen, ohne den Bestand der Gesellschaft und der in ihr gebundenen Werte zu gefährden. Für einen Personengesellschafter, der aus dem Personenverband ausscheiden will, würde die wegen des fehlenden Markts für Personengesellschaftsanteile[193] ohnehin schon mühselige Suche nach einem Nachfolger zusätzlich erschwert, müßte jeder potentielle Anteilserwerber damit rechnen, aufgrund einer erbrechtlichen Vorabspaltung des Auseinandersetzungsguthabens auf eine des wesentlichen Vermögenswertes entkleidete Mitgliedschaft verwiesen zu werden. Die Verkehrsfähigkeit der Anteile wäre dann dahin. Demnach ist die Beeinträchtigung der Nachlaßgläubiger im Falle der Übertragung des Gesellschaftsanteils durch den Nachfolger/Erben aufgrund zwingender gesellschaftsrechtlicher Vorgaben unvermeidlich. Als Konsequenz hieraus folgt, daß der Fall einer erbrechtlichen Vorabspal-

193 Zu den reformerischen Bemühungen der Kommission "Zweiter Börsenmarkt" de lege ferenda zumindest Kommanditanteile an Börsen handelbar zu machen, s. Claussen, GmbH-Rdsch. 1988, 417 ff.; Hennerkes/May, BB 1988, 2393 (2396).

tung keinen Anlaß gibt, das Ergebnis zum Verhältnis von Vorausabtretung und späterer Anteilsübertragung in Frage zu stellen.

5. Zusammenfassung

Eine rechtsgeschäftliche Vorausabtretung des Auseinandersetzungsanspruchs geht ins Leere, wenn später der Gesellschaftsanteil übertragen wird. Die nach der Abspaltungstheorie im Erbgang erfolgende Abspaltung der vermögensrechtlichen Ansprüche vom Anteil ist der rechtsgeschäftlichen Abtretung gleichzustellen. Nachlaßgläubiger und Miterben können sich also nicht uneingeschränkt darauf verlassen, daß ihnen trotz Sondervererbung der Mitgliedschaft deren Vermögenswert zur Sicherung ihrer Ansprüche gegen den Nachlaß zur Verfügung steht. Damit ist eine Grundannahme der Abspaltungslehre, aus der sich zugleich ihr wesentlicher Vorzug ergibt, erschüttert. Ob dies dazu führt, die Abspaltungslehre in Gänze zu verwerfen, ist nicht Gegenstand der Darstellung und bleibt Spezialuntersuchungen vorbehalten.

C. Konsequenzen für die Anteilspfändung

Zwar soll nach dem eben Erörterten die Entscheidung zur These vom Vorrang der Stammrechtsverfügung aus den genannten Gründen zugunsten eines Vorranges der späteren Anteilsübertragung vor der zeitlich früheren Vorausabtretung des Auseinandersetzungsguthabens ausgehen. Das bedeutet jedoch nicht, daß im Falle der nachfolgenden Anteilspfändung ebenso entschieden werden müßte. Denn in bezug auf Pfändungsgegenstand und Wirkungen herrscht Unklarheit schon im Grundsätzlichen.

Vier rechtsdogmatisch und vollstreckungspraktisch gleichermaßen bedeutsame Problemkreise aus dem Recht der Zwangsvollstreckung in den Anteil am Gesellschaftsvermögen einer Personengesellschaft sind es denn auch, die den Gegenstand der folgenden Überlegungen bilden.

Im ersten Teil geht es um die Frage, ob der Gesellschaftsanteil an einer oHG pfändbar ist (vgl. unten 1.). Allein zulässig und auch ausreichend ist nach § 135 HGB die Pfändbarkeit des Auseinandersetzungsguthabens. Erst wenn man mit dem BGH die Frage nach der Pfändbarkeit des oHG-Anteils gegen den Wortlaut von § 135 HGB bejaht, ist die Basis für die Annahme eines Pfändungspfandrechts am "Stammrecht" geschaffen. Verneint man sie, so kann eine Überprüfung des Dogmas vom Vorrang der Stammrechtsverfügung hier nicht erfolgen.

Derselbe Gedanke rechtfertigt es, den zweiten Problemkreis anzusprechen. Hierbei ist zu fragen, was als Vollstreckungsgegenstand bei der nach § 859 Abs. 1 Satz 1 ZPO zugelassenen Zwangsvollstreckung in den Anteil am Gesellschaftsvermögen einer Gesellschaft bürgerlichen Rechts anzusehen ist (vgl. dazu 2.). Gemeinsam ist allen hierzu vertretenen Ansichten der gesamthandstheoretische Ansatz: über eine Klärung der Gesamthandsstrukturfragen wird die Lösung materiellrechtlicher Einzelprobleme im Wege formallogischer Schlußverfahren deduziert (hierzu unten 2. b)). Folgt man neueren Ansichten, wonach die Anteilspfändung nur die von der Gesellschafterstellung abspaltbaren einzelnen Vermögensansprüche erfaßt, so geht es auch dort nicht um das Verhältnis von Stammrechtsverfügung zur zeitlich vorherigen Abtretung der Einzelansprüche. Die Entscheidung der Frage nach dem Pfändungsgegenstand legt also nicht nur den Umfang der dem Schuldner nach der Pfändung verbleibenden Verfügungsbefugnis fest. Vielmehr erlangt der Gläubiger infolge der Pfändung ein Pfandrecht am Vollstreckungsgegenstand, so daß die Beantwortung der Frage nach dem Pfändungsgegenstand gleichzeitig den Umfang seiner Berechtigung regelt.

Der dritte Teil der folgenden Ausführungen ist deshalb der Frage gewidmet, welche vollstreckungsrechtlichen Implikationen diesen Interpretationen des Vollstreckungsgegenstandes "Gesellschaftsanteil" zugrundeliegen; welche Ergebnisse insbesondere für die Kollision der Pfändung des Anteils mit einer vorausgegangenen Abspaltung der Vermögensansprüche wertungsmäßig folgerichtig sind.

Trotz aller wünschenswerten vollstreckungsrechtlichen Ergebnisse bleibt die Rechtsanwendung bei der Interpretation einer Norm an die materiellrechtlichen Wertentscheidungen des Gesetzgebers gebunden. Deshalb wird die Abhandlung sich anschließend damit befassen, wie das materiellrechtliche Ziel der Vollstreckung – dem Gläubiger nicht mehr, aber auch nicht weniger zu geben als er materiellrechtlich beanspruchen kann – die Bestimmung des Pfändungsgegenstandes determiniert. Hieraus wird sich die Entscheidung im Hinblick auf einzelne vollstreckungsrechtliche Interpretationen ergeben.

Das so gewonnene Ergebnis wird dann im Hinblick auf pfändungsrechtliche Sonderwertungen überprüft.

Eine zusammenfassende Darlegung der Konsequenzen der vollstreckungsrechtlichen Betrachtungen schließt das Kapitel ab.

I. Pfändbarkeit des Anteils am Vermögen einer oHG

Ein Gesichtspunkt, der für die Pfändbarkeit des oHG-Anteils geltend gemacht wird, ist die angebliche Besserstellung des Gläubigers gegenüber demjenigen, der die pfändbaren Einzelansprüche gepfändet hat[194]. Ausgangspunkt ist das Dogma vom Vorrang der Stammrechtsverfügung, demzufolge Verfügungen über die Mitgliedschaft vorhergehende Verfügungen über den künftigen Anspruch auf das Auseinandersetzungsguthaben beseitigen: es sei nötig, auch entgegen § 135 HGB den Anteil am Gesellschaftsvermögen pfänden zu können, um frühere Abtretungen des Auseinandersetzungsguthabens auszuräumen. § 135 HGB sei nicht sachgemäß, da die rechtsgeschäftliche Abtretung des Auseinandersetzungsguthabens den Anteil unpfändbar und die Gesellschaft damit unkündbar

194 Wiedemann, Übertragung, 301 f.

machen könnte. Die h. M.[195] glaubte diesen Ordnungsgedanken verwirklichen zu können, indem sie wegen § 105 Abs. 2 HGB auf die Anwendbarkeit des § 859 ZPO schloß.

§ 105 Abs. 2 HGB verweist jedoch auf die Vorschriften des BGB, nicht auf die Vorschriften für die BGB-Gesellschaft. Danach ist § 719 BGB für die oHG anzuwenden, eine Weiterverweisung auf § 859 ZPO ist in § 105 Abs. 2 HGB nicht enthalten[196]. Der eindeutige Gesetzeswortlaut spricht daher gegen die Zulässigkeit der Anteilspfändung bei der oHG. Die Entstehungsgeschichte der Vorschrift macht ebenfalls deutlich, daß § 135 HGB nur die Anspruchspfändung erfassen wollte[197]. Eine direkte Anwendung des § 859 I ZPO ist daher ausgeschlossen.

Aber auch eine analoge Anwendung des § 859 ZPO scheidet aus, weil das erforderliche Regelungsbedürfnis fehlt[198]: Der Gläubiger hat ein Kündigungsrecht aus § 135 HGB, das vom Gesetzgeber als abschließende Regelung ausgestaltet ist. So entspricht es der allgemeinen Meinung, auch soweit die Anteilspfändung zugelassen wird, daß § 725 Abs. 1 BGB auf die oHG keine Anwendung finden kann. Bei der hier vertretenen Lösung folgt dies allerdings nicht daraus, daß § 135 HGB zu § 725 BGB eine Spezialvorschrift ist[199]: Vielmehr ist § 725 BGB nur bei einer Anteilspfändung anwendbar, diese ist bei der oHG aber nicht zulässig; umgekehrt gibt § 135 HGB auf Grund einer Anspruchspfändung ein Kündigungsrecht, das in diesem Fall bei der BGB-Gesellschaft nicht gegeben ist.

Bei dieser eindeutigen gesetzlichen Regelung wäre es Sache des Gesetzgebers, den Wortlaut von § 105 Abs. 2 HGB oder § 859 ZPO zu ändern, wenn er die Pfändung des Anteils an der oHG ermöglichen wollte.

Für die Praxis scheint es angesichts der bisher h. M. unbedenklich, eine beantragte "Anteilspfändung" bei der oHG in eine Pfändung der An-

---

195 BGH, Rpfleger 1972, 92; Baumbach/Hartmann, § 859 Anh. Anm. 1; Bruns-Peters, Zwangsvollstreckungsrecht, § 25 IV 1, 162; Stein/Jonas/Münzberg § 859 Anm. II 1; Stöber, Forderungspfändung, Rdn. 1583; Wieczorek, § 859 Anm. A II a; Zöller-Scherübl, § 859 Anm. 2.

196 Furtner, MDR 1965, 616 mit Fußn. 53; Rupp/Fleischmann, Rpfleger 1984, 224; Zimmer, Diss., 30.

197 K. Schmidt, JR1977, 180; Rupp/Fleischmann, Rpfleger 1984, 224.

198 Ebenso Rupp/Fleischmann, Rpfleger 1984, 224; Zimmer, Diss., 35 ff.

199 Insoweit inkonsequent Furtner, MDR 1965, 617, der sich aufgrund seines Ansatzes diesbezüglich der hier vertretenen Lösung anschließen müßte.

sprüche auf Gewinn- und Auseinandersetzungsguthaben umzudeuten, zumal im Antrag auf Pfändung des Anteils oft die Anspruchspfändung mitbeantragt wird.

Als Ergebnis bleibt festzuhalten, daß bei der oHG die Pfändung des Anteils keine Besserstellung des Gläubigers gegenüber demjenigen bewirkt, der die pfändbaren Einzelansprüche gepfändet hat. Nach dem oben[200] festgestellten Zusammenhang von Gestaltungsbefugnis und Rechtsinhaberschaft bleibt die Pfändung auch dann wirksam, wenn der Anspruch auf das Auseinandersetzungsguthaben bereits vorher abgetreten worden ist, denn allein der den Auseinandersetzungsanspruch pfändende Privatgläubiger ist in der Lage, einen Auseinandersetzungsanspruch durch Kündigung der Gesellschaft zum Entstehen zu bringen. Hieraus ergibt sich sein wertungsmäßiger Vorrang gegenüber dem Vorauszessionar des Auseinandersetzungsanspruchs.

Umgekehrt könnte der Privatgläubiger eines BGB-Gesellschafters bei Zwangsvollstreckung in den Gesellschaftsanteil leer ausgehen, wenn diese Anteilspfändung sich entgegen dem Wortlaut des § 859 ZPO als Globalpfändung der Vermögensansprüche des Gesellschafters aus dem Gesellschaftsverhältnis darstellte, ohne dem Privatgläubiger das Recht zur Kündigung der Gesellschaft zu verschaffen.

2. *Der Pfändungsgegenstand bei der Pfändung des Anteils am Gesellschaftsvermögen i. S. d. § 859 ZPO*

a) *Die gegensätzlichen Auffassungen bei der Interpretation des Anteils am Gesellschaftsvermögen*

Was unter dem " Anteil am Gesellschaftsvermögen" zu verstehen und was als Gegenstand der Zwangsvollstreckung anzusehen ist, verdeutlicht der Gesetzgeber weder in § 859 ZPO noch in anderen Bestimmungen, die den Gesellschaftsanteil behandeln, also den §§ 719, 725, 738 BGB. Der Bogen möglicher Bedeutungsinhalte ist weit gespannt.

Die Antwort kann dann erfolgen, wenn man sich Klarheit darüber verschafft, wie "der Geschäftsanteil" der Gesellschaft bürgerlichen Rechts

200 S. dazu oben S. 93 ff.

beschaffen ist, den § 859 Abs. 1 ZPO entgegen §§ 851, 857 Abs. 1 ZPO zum Pfändungsgegenstand macht.

Gepfändet wird einer neueren Ansicht[201] zufolge der "Anteil" des Schuldners an der Gesellschaft, wovon die zur Verwertung dieses Anteils erforderlichen Rechtsausübungskomponenten miterfaßt werden. Da ein Anteil des Gesellschafters an der Gesamthand indessen nicht gedacht werden kann[202], ist Objekt der Pfändung nach § 859 Abs. 1 ZPO die Mitgliedschaft in der "Gruppe", zu der sich die Gesellschaft bürgerlichen Rechts konstituiert. Abweichend von der Definition in den §§ 719, 738 BGB bezeichne der Anteil am Gesellschaftsvermögen nicht die Teilhabe am Gesamthandsvermögen, sondern die Mitgliedsstellung selbst, weil der Gläubiger den Gesellschafter aus dem Recht der Kündigungs- und Auseinandersetzungsbefugnis verdränge und das Gesellschaftsverhältnis durch die Kündigung zerstören könne[203].

An der dogmatischen Tragfähigkeit der Prämisse, daß eine Bestimmung des Gesellschaftsanteils Basis der Überlegungen zum Pfändungsgegenstand nach § 859 Abs. 1 ZPO sein müsse, sind mit Nachdruck Bedenken geltend gemacht worden[204]. Diese haben einen originär vollstreckungsrechtlichen Ansatz, demzufolge Gegenstand der Pfändung nur dasjenige sein könne, was auch Gegenstand der Befriedigung ist[205]. Die Pfändung des Personengesellschaftsanteils sei deshalb nichts anderes als eine globale Pfändung der nach § 717 S. 2 BGB übertragbaren Vermögensansprüche[206]. Damit sind die Ansprüche gemeint, deren Befriedigung vor der Auseinandersetzung verlangt werden kann, sowie die Ansprüche auf einen Gewinnanteil oder auf dasjenige, was dem Gesellschafter bei der Auseinandersetzung zukommt.

---

201 Flume, ZHR 136 (1972), 177, 196 ff.; ders., in: Larenz-FS, 779; ders., Die Personengesellschaft, 73; Smid, JuS 1988, 615; Wiedemann, WM 1975, Sonderbeilage Nr. 4, 32.

202 Flume, Die Personengesellschaft, 72 unter Berufung auf RGZ 9, 144; 68, 413.

203 Zur Bedeutung des Anteils am Gesellschaftsvermögen als Mitgliedschaft an der Gesellschaft Sohm, Gegenstand, 68; Hochgräbe, Diss., 33.

204 K. Schmidt, JR 1977, 177 f.

205 K. Schmidt, JR 1977, 177.

206 K. Schmidt, JR 1977, 177 ff.; ihm folgend Thomas/Putzo, § 859 Anm. 1 a; ebenso wohl auch Jauernig, Zwangsvollstreckungs- und Konkursrecht, § 20 Anm. III. Staudinger, § 725 Rdn. 6; Würdinger, Personengesellschaften, 60 f.; Zimmer, Diss., 11 f.

Überwiegend[207] hat man hingegen den Gegenstand der Zwangsvollstreckung dadurch genauer zu bestimmen versucht, indem man ihn als das "Wertrecht" bezeichnete, welches die zum Gesellschaftsanteil gehörenden Vermögensrechte repräsentiere. Diese Kategorie des Wertrechts stellt ersichtlich eine Behelfskonstruktion[208] dar, mit Hilfe derer abgebildet werden soll, daß der Gläubiger mit der Pfändung nur dazu in die Lage versetzt wird, durch Kündigung die Auseinandersetzung der Gesellschaft und damit die Realisierung des wirtschaftlichen Werts (des verwertbaren Substanzwertes[209]) des Gesellschaftsanteils des Vollstrekkungsschuldners zu betreiben.

b) Das Vorverständnis über Wesen und Struktur der Rechtsgemeinschaft zur gesamten Hand

Überwiegend[210] werden bei der Auslegung des § 859 Abs. 1 ZPO die Strukturprinzipien der Rechtsgemeinschaft zur gesamten Hand zur Bestimmung des Pfändungsgegenstandes herangezogen. Dieser methodische Ansatz liegt nahe, da § 859 ZPO systematisch auf die identische Begriffsbestimmung in § 719 BGB Bezug zu nehmen scheint[211], diese Vorschrift aber eine unmittelbare Folge des bei Personengesellschaften ausgestalteten Gesamthandsprinzips darstellt.

Im Anschluß an die deutschrechtliche Gesamthandslehre[212] wird als strukturierendes Ordnungsprinzip der Rechtsgemeinschaft zur gesamten Hand angesehen, daß die unmittelbare Handlungs- und Rechtszuständigkeit des einzelnen Gesamthänders bei der Gesamthand als Gruppe ende. Die Gesamthänder in ihrer Verbundenheit seien als kollektive Einheit

---

207 BGH, NJW 1986, 1991, 1992; Dieckmann, Diss., 24 f.; Emmerich, Diss., 89 ff.; Geiler, in: Düringer/Hachenburg Bd. II 1, Anm. 25; Heinsheimer, Teilhaberschaft, 28 ff.; Huber, Vermögensanteil, 161 ff.; G. Hueck, Gesellschaftsrecht, § 16 II 2, 218; Mümmler, JurBüro 1982, 1607 ff.; MünchKomm.-BGB-Ulmer § 725 Rdn. 5; Soergel/Siebert, § 725 Rdn. 1 ;

208 Smid, JuS 1988, 615.

209 Im Gegensatz zum Ertragswert, vgl. Huber, Vermögensanteil, 145 ff., 151 ff.

210 Hiervon unterscheidet sich jedoch der Ansatz von Hackenbroch, Diss., 75 ff. Er will den Umfang der Erstreckung des (Vertrags-)Pfandrechts am Gesellschaftsanteil auf die gemeinschaftsrechtlichen Beziehungen unter "Berücksichtigung der Interessenlage" bestimmen.

211 Paschke, Diss., 18; Zimmer, Diss., 12 f.

212 Buchda, Gesamthandslehre, insbesondere 25 ff.

Rechtssubjekt[213]. Die Möglichkeit unmittelbarer Rechtsbeziehungen des Gesamthänders zu den Rechtsverhältnissen der Gesamthand und insbesondere zum Gesamthandsvermögen sei mit dem Phänomen der Gesamthand als Zuordnungsfunktion der "Handlungs- und Rechtszuständigkeit für eine Gesamtheit" unvereinbar[214]. Mit dem Ausschluß der Verfügungsmacht des Gesamthänders an den einzelnen Gegenständen des Gesamthandsvermögens in § 719 BGB harmoniere dieses Prinzip in besonderer Weise, da solche Anteile überhaupt nicht beständen[215].

Wenn aber die Gesamthand als Gruppe Bezugspunkt aller Rechtsbeziehungen der Gesamthand ist und der Gesamthänder ausschließlich über seine Mitgliedschaft mit den Rechtsbeziehungen der Gesamthand zu tun hat, dann sei die Pfändung des Anteils des Gesellschafters am Gesellschaftsvermögen logisch eine Vollstreckung in die Mitgliedschaft[216].

Dagegen wird geltend gemacht, daß die Möglichkeit, die Gesamthänder auf der Ebene der Rechtssubjektivität zusammenzufassen, ausschließlich mit dem Organisationsmodell der juristischen Person verbunden sei[217]. Subjektiver Zuordnungspol seien somit die Gesamthänder in ihrer unverbundenen Mehrzahl. Der gepfändete Anteil verkörpere mithin den "Inbegriff der vermögensrechtlichen Ansprüche, die mit der Stellung des Gesamthänders bezüglich des gemeinschaftlichen Vermögens regelmäßig verbunden sind"[218].

Der letztgenannte Gesichtspunkt wird von denjenigen geteilt, die eine Wertrechtspfändung befürworten. Auch sie verneinen, ausgehend von der Gegenüberstellung der natürlichen und juristischen Person die Möglichkeit, die Gesamthandsgemeinschaften als Personeneinheit aufzufassen, da man sie dann als juristische Person ansehen müßte, sie aber den Organisationsstatus einer juristischen Person nicht erreichen[219]. Dann aber bleibt gesamthandsstrukturell allein die Möglichkeit, das Vermögen als Einheit aufzufassen und an dem Vermögensganzen eine mehrheitli-

---

213 So bereits Otto v. Gierke, Deutsches Privatrecht, Bd. I, 676 ff., 682; ihm folgend Flume, Die Personengesellschaft, 56.

214 Flume, Die Personengesellschaft, 62.

215 Flume, Die Personengesellschaft, 71 ff.

216 Flume, Die Personengesellschaft, 355 f.

217 Kunz, Rechtsnatur, 76.

218 Kunz, Rechtsnatur, 116.

219 Geiler, in: Düringer/Hachenburg, Bd. II/1, Anm. 25, 37; Leonhard, Allgemeines Schuldrecht, 754 f.

che Zuständigkeit der Gesamthänder anzuerkennen[220]. Das Anteilsrecht sei daher nicht auf die einzelnen Gegenstände, sondern auf das "Vermögensganze" zu beziehen[221].

c) Methodische Einwände

Die Problematik dieses methodischen Vorgehens besteht darin, daß eine ausdrückliche Normierung von Wesen und Struktur der Rechtsgemeinschaft zur gesamten Hand fehlt. Der Gesetzgeber hat wegen des Fehlens einer einheitlichen Rechtsauffassung zu den Strukturfragen der Gesamthandsgemeinschaft auf eine normative Fixierung verzichtet und diese Problematik der Rechtswissenschaft überantwortet[222]. Demnach ist die Interpretationsbasis zu unsicher, um allein durch Deduktion aus dem Gesamthandsprinzip den Pfändungsgegenstand nach § 859 Abs. 1 ZPO zu bestimmen[223].

Die gebotene Zurückhaltung gegenüber einer Bestimmung des Pfändungsgegenstandes aus den Gesamthandsstrukturprinzipien zwingt dazu, die vollstreckungsrechtlichen Implikationen offenzulegen. Erst hierdurch läßt sich feststellen, welcher der interpretatorischen Ansätze mit den übrigen gesetzgeberischen Wertentscheidungen im Bereich des Gesellschaftsrechts und Vollstreckungsrechts übereinstimmt.

3. *Vollstreckungsrechtliche Ziele der unterschiedlichen Auffassungen zum Pfändungsgegenstand nach § 859 I ZPO*

Der Umfang dessen, was als Vollstreckungsgegenstand angesehen wird, bestimmt die Reichweite der Beschlagnahmewirkung der Pfändung. Dem Schuldner wird infolge der Pfändung ein Verfügungsverbot über den Pfändungsgegenstand auferlegt[224], §§ 857, 829 Abs. 1 Satz 2 ZPO, 135, 136 BGB; demzufolge darf er keine das Pfändungspfandrecht beeinträchtigenden Verfügungen ohne Zustimmung des Pfandgläubigers mehr tref-

---

220 Schulze-Osterloh, Prinzip der gesamthänderischen Bindung, 13 f.

221 Leonhard, Allgemeines Schuldrecht, 744, 747 f.

222 Protokolle, in: Mugdan II, 990.

223 Paschke, Diss., 28 ff.

224 Fahland, Verfügungsverbot, §§ 9, 10, 11, S. 47 ff.

fen[225]. Präjudizierende Bedeutung für die Rechtsposition des Pfändungsgläubigers kommt der Präzisierung des Pfändungsgegenstandes aber nicht nur mittelbar über das Verfügungsverbot zu Lasten des Schuldners/Gesellschafters, sondern auch unmittelbar zu.

Als vollstreckungsrechtliches Substrat der Mitgliedschaftspfändung kann eine starke Gläubigerstellung erreicht werden[226]: Verschafft die Pfändung der vom Gesetz als "Anteil am Gesamthandsvermögen" bezeichneten "Mitgliedschaft" dem Gläubiger die Kompetenz zur Kündigung der Gesellschaft, so kann nach dem oben[227] festgestellten Zusammenhang von Gestaltungsbefugnis und Rechtsinhaberschaft für eine spätere Anteilspfändung allein der Vorrang vor früheren Vorausabtretungen der Vermögensansprüche richtig sein.

Nimmt man hingegen die Position derjenigen ein, die als Anteilspfändung nach § 859 Abs. 1 ZPO eine Globalpfändung der übertragbaren Einzelansprüche des § 717 S. 2 BGB befürworten, dann stellt sich die Rechtslage anders dar. Mit der Pfändung erlangt der Gläubiger nicht die Kompetenz zur Kündigung der Gesellschaft (dazu sogleich). Für die spätere Anteilspfändung kann dann aber nichts anderes als im Falle der Pfändung der abgespaltenen Vermögensansprüche durch Gläubiger des Zedenten gelten (vgl. dazu die Ausführungen weiter unten). Maßgeblich ist also, ob dem Gesellschafter tatsächlich eine Kündigungskompetenz zusteht.

Die Kündigungsbefugnis folgt nicht bereits aus der Stellung des Gläubigers aufgrund der Forderungspfändung gem. § 829 ZPO, da ihm diese noch keine alleinige Kündigungskompetenz verschafft[228]. Im Zusammenhang der Forderungspfändung erlangt der Gläubiger erst als Überweisungsgläubiger eine derartige allgemeine Befugnis zur Kündigung der Forderung, die aus seiner durch die Überweisung der Forderung begründeten Einziehungsbefugnis abgeleitet ist. Von dieser allgemeinen Kündigungsbefugnis unterscheidet sich aber die Stellung, die dem Gläubiger durch die Pfändung nach § 859 Abs. 1 ZPO verschafft wird[229]. Denn im Falle der allgemeinen Kündigungsbefugnis des Überweisungs-

---

225 Smid, JuS 1988, 616 Rsp. unten.

226 Paschke, Diss., 9, 11 f.; Flume, Die Personengesellschaft, § 17 III, 356.

227 Vgl. oben Seiten 93 ff.

228 RGZ 153, 224; Smid, JuS 1988, 615.

229 Rupp/Fleischmann, Rpfleger 1984, 225; Smid, JuS 1988, 615.

gläubigers hängt das Entstehen der Forderung, die mit der Pfändung beschlagnahmt wird, nicht von der Ausübung der Kündigung ab. Die Kompetenz zur Kündigung der Gesellschaft als Voraussetzung der Auseinandersetzung und des aus ihr folgenden Entstehens eines etwaigen Auseinandersetzungsanspruchs des Schuldners folgt demgegenüber nicht aus der durch Pfändung und Überweisung eines Pfändungspfandrechts bzw. einer Einziehungskompetenz hinsichtlich der Forderung des Schuldners auf Auszahlung des zu seinen Gunsten errechneten Auseinandersetzungssaldos. Für die Fälle, in denen ein Gesellschafter die von seiner Mitgliedschaft abspaltbaren gegenwärtigen und künftigen Vermögensansprüche in Erfüllung einer Sicherungsabrede an einen Kreditgeber[230] oder aus einem anderen Grunde an einen Dritten abgetreten hat und in denen dann ein zweiter Gläubiger auf den Plan tritt, der sich dieselben Ansprüche in Unkenntnis der Abtretung pfänden und überweisen läßt, ist anerkannt und wohl auch unbestreitbar, daß der Pfändungs- und Überweisungsbeschluß ins Leere geht[231]. Der Vollstreckungsschuldner der zu pfändenden Vermögensansprüche hat sich durch deren vorherige Abtretung in einer Weise entäußert, die für ihn und deshalb auch für seine Gläubiger unangreifbar ist[232].

Danach muß man die Ansicht der Globalpfändung so deuten, daß die in § 725 BGB als zulässig vorausgesetzte, in § 859 Abs. 1 ZPO für statthaft erklärte Pfändung des Personengesellschaftsanteils nicht geeignet ist, die von dem Vollstreckungsschuldner bereits vorher abgetretenen Vermögensansprüche zu erfassen[233].

Die methodisch gebotene Zurückhaltung gegenüber Bestimmungen des Pfändungsgegenstandes nach § 859 I ZPO aufgrund von Ableitungen

---

230 Vgl. allgemein Riegger, BB 1972, 115; John, in: Hadding/U. H. Schneider, Gesellschaftsanteile als Kreditsicherheit, 83, 99.

231 Statt aller RGZ 60, 130; BGH, WM 1981, 648, 649 (ad II 3); Ulmer, in: Großkomm.-HGB, Bd. II 1, § 135 Anm. 9; Stöber, Forderungspfändung, Rdn. 1577. A. M. wohl nur Flume, Die Personengesellschaft, § 17 III, 355 für den Fall des § 135 HGB, weil er die dort vorausgesetzte Pfändung des Anspruchs auf das Auseinandersetzungsguthaben letztlich nicht als Anspruchs-, sondern als Anteilspfändung behandelt (hiergegen Paschke, Diss., 116).

232 Marotzke, ZIP 1988, 1509, 1510. Ausnahmen können sich freilich aus dem AnfG ergeben.

233 Insoweit ist die von K. Schmidt, Gesellschaftsrecht, 1095 zu den vorliegenden Kollisionslagen vertretene Auffassung inkonsistent, als sie dieses Ergebnis leugnet.

aus dem Gesamthandsprinzip verlangt, denjenigen vollstreckungsrechtlichen Implikationen Folge zu leisten, die den gesetzgeberischen Wertentscheidungen in den hier betroffenen Rechtskreisen (Gesellschaftsrecht, Sachenrecht) Rechnung tragen.

4. Der Zusammenhang zwischen materiellem Recht und Prozeßrecht

Für den Gesetzgeber bildet die Abhängigkeit des Prozeßrechts vom materiellen Recht die beherrschende Idee bei der Ausformung der einzelnen Vollstreckungsarten[234]: Sie zeigt sich auch bei der Zwangsvollstreckung in Forderungen und andere Vermögensrechte, die nicht Gegenstand der Zwangsvollstreckung in das unbewegliche Vermögen sind. Eine Analyse der die Interpretation des "Anteils am Gesellschaftsvermögen" im Sinne des § 859 ZPO materiell determinierenden Einzelwertungen hat – wegen der als methodisch unzureichend befundenen Bestimmung des Pfändungsgegenstandes nach Maßgabe der von § 719 BGB gerade nicht normativ fixierten Gesamthandsstrukturmerkmalen – vorzugsweise die Aussagen von § 725 BGB in Betracht zu ziehen[235].

Diese Regelung will nach Abs. 1 im Interesse des Gläubigers sicherstellen, daß dieser auf den Wert der Gesellschaftsbeteiligung seines Schuldners zugreifen kann, um damit seinen schuldrechtlichen Anspruch zu realisieren. Der Gläubiger ist insoweit daran gebunden, den Beteiligungswert im Wege der Kündigung der Gesellschaft zu realisieren[236]. § 725 Abs. 2 BGB beschreibt weiterhin die Rechtsstellung des Pfändungsgläubigers in der Weise, daß dieser nach der Pfändung nicht in das Gesellschaftsverhältnis einrückt. Solange die Gesellschaft besteht, stehen ihm die Befugnisse des Gesellschafters/Schuldners nicht zu. Er hat allerdings schon die Befugnis, den Anspruch des Schuldners auf den Gewinnanteil geltend zu machen. Auch damit ist nur möglich, schon in der Person des Gesellschafters entstandene Rechte geltend zu machen. Einen Einfluß auf die Entstehung des Gewinnanspruchs erlangt er nicht[237].

---

234 Gaul, Rpfleger 1971, 7 ff.; Henckel, Prozeßrecht und materielles Recht, 311 ff.

235 Zimmer, Diss., 19 ff.; ihm folgend Paschke, Diss., 53.

236 Marcus, JW 1907, 539, 540.

237 Becker, GmbH-Rdsch. 1950, 134.

Hinsichtlich der Interpretation des Pfändungsgegenstandes bei der Zwangsvollstreckung nach § 859 Abs. 1 Satz 1 ZPO läßt sich § 725 BGB zunächst nur entnehmen, daß der Anspruch auf den Gewinnanteil von der Pfändung umfaßt ist. Allein diese Erkenntnis beschreibt einen Minimalkonsens aller Auffassungen zum Inhalt des Anteils am Gesellschaftsvermögen. Nicht entschieden ist damit, ob die sonstigen sich aus dem Gesellschaftsverhältnis ergebenden Rechte als mitgepfändet anzusehen sind. Man könnte die in § 725 BGB zugelassene Anteilspfändung in der Weise interpretieren, daß sie die sich aus dem Gesellschaftsverhältnis ergebenden Rechte umfaßt, der Gläubiger aber in Ausübung der gepfändeten Rechte durch das Gesetz beschränkt wird. § 725 BGB wäre damit als Rechtssatz mit einschränkendem Regelungscharakter zu verstehen, der eine implizit getroffene Regelungsanordnung begrenzt[238]. Aufschluß darüber, ob diese Interpretation mit dem vom Gesetzgeber intendierten normativen Gehalt des § 725 BGB übereinstimmt, bietet die Entstehungsgeschichte dieser Vorschrift.

Nach dem zweiten Entwurf des BGB hatte der Gläubiger in Übereinstimmung mit Art. 126 ADHGB[239] nur die Möglichkeit, den Auseinandersetzungsanspruch des Gesellschafters zu pfänden; aufgrund dieser Pfändung erwarb er das Recht, die Gesellschaft zu kündigen. Damit war klargestellt, daß allein die vermögensrechtlichen Bestandteile der Beteiligungsrechte des Gesellschafters der Pfändung unterworfen waren; die Herrschafts- und Mitverwaltungsrechte des Gesellschafters konnten von dem Pfändungspfandrecht nicht erfaßt werden. Dann aber schlug die Redaktionskommission vor, die einschlägigen Bestimmungen in der Weise zu ändern, daß der "Antheil des Gesellschafters an dem Gesellschaftsvermögen" der Pfändung unterworfen sein soll[240]. Dieser Vorschlag er-

---

238 Emmerich, Diss., 43 ff.; Zimmer, Diss., 13. Ob Rechtsnormen als Rechtssätze ohne Ge- bzw. Verbotscharakter überhaupt denkbar sind, ist methodisch umstritten; umfassend hierzu Esser, Vorverständnis, 34.

239 Im Wortlaut: "Hat ein Privatgläubiger eines Gesellschafters nach fruchtlos vollstreckter Exekution in dessen Privatvermögen die Exekution in das dem Gesellschafter bei dereinstiger Auflösung der Gesellschaft zukommende Guthaben erwirkt, so ist er berechtigt, ..., behufs seiner Befriedigung nach vorher von ihm geschehener Aufkündigung die Auflösung der Gesellschaft zu verlangen".

240 Protokolle, in: Mugdan II, 995.

folgte, weil auch bei den übrigen Gemeinschaften zur gesamten Hand die Möglichkeit der Pfändung des Anteils zugelassen wurde[241].

Aus diesem Harmonisierungsbestreben ist der Schluß zu ziehen, daß Vollstreckungsgegenstand die Mitgliedschaft selbst sein muß[242]. Bezugspunkt des Harmonisierungsstrebens ist die Rechtslage bei der Erben- und Gütergemeinschaft gewesen. Da in Anbetracht des Miterbenanteils – ebenso wie hinsichtlich des Gütergemeinschaftsanteils – die Vollstrekkung nicht in den Auseinandersetzungsanspruch, sondern in den Miterbenanteil selbst erfolgt[243], muß dies im Interesse der Harmonie des Gesetzes auch für den Gesellschafteranteil gelten.

Der Neufassung der dem heutigen § 725 BGB entsprechenden Vorschrift kommt danach eine Bedeutung in dem Sinne zu, daß auch die gemeinschaftlichen Mitverwaltungsrechte von der Pfändung erfaßt sind. Sonach sind Anteilspfändung und Anteilsübertragung hinsichtlich ihres Gegenstandes gleichartig. Insbesondere wegen der auch für den Pfandgläubiger gegebenen Kündigungsbefugnis, deren Ausübung zur Auseinandersetzung und damit zum Entstehen eines Auseinandersetzungsguthabens führt, erscheint der Vorrang des pfändenden Privatgläubigers vor Vorauszessionaren des Auseinandersetzungsguthabens sachgerecht. Hinsichtlich des Gewinnanspruchs hat der Pfandgläubiger allerdings keinen Einfluß auf die Entstehung, so daß seine Privilegierung sachwidrig erschiene.

---

241 Protokolle, in: Mugdan V, 498.

242 So bereits Flume, Die Personengesellschaft, § 17 III, 356.

243 Diese Rechtslage bei der Miterbenanteilspfändung war schon bei den Beratungen zum BGB anerkannt; vgl. Protokolle, in: Mugdan V, 497 f.: "Der einzelne Miterbe habe ... nur Mitgliederrechte in der Gemeinschaft. ... Das richtige sei, im Einklang mit den allgemeinen Grundsätzen sowohl die Zulässigkeit einer dinglichen Verfügung über den Antheil als auch die Pfändbarkeit anzuerkennen. Letztere entspreche auch dem geltenden Rechte, denn die vielfach gebrauchte Aushülfe, daß man den dem Erben zustehenden "Anspruch auf Auseinandersetzung" pfände und überweise, unterscheide sich von einer Zwangsvollstreckung in den Antheil nur durch den Ausdruck, ...".

5. *Pfändungsrechtliche Sonderwertungen für das Verhältnis von späterer Anteilspfändung und vorheriger Vorausabtretung der gesellschaftsrechtlichen Vermögensansprüche*

Das Ergebnis gleichartiger Behandlung von späterer Anteilsübertragung und nachträglicher Anteilspfändung im Sinne der oben erzielten Lösung steht aber unter einem Vorbehalt. Dieser Vorbehalt folgt aus der positiven Bestimmung des § 1124 Abs. 2 BGB[244]. Sie besagt, daß ein Pfandrecht (Hypothek) am Stammrecht (Grundstück) und der vollstreckungsrechtliche Zugriff auf die Früchte (Miet- und Pachtzinsforderungen) dem Gläubiger den Zugriff auf die künftigen Früchte des ihm haftenden Stammrechts (Grundstück) auch dann ermöglicht, wenn der Vollstreckungsschuldner über sie bereits anderweitig verfügt hatte. Läßt sich dieser Rechtsgedanke auch auf die Zwangsvollstreckung in Personengesellschaftsanteile anwenden, mit der Folge, daß einem Vollstreckungsgläubiger, der sich einen seinem Schuldner gehörenden Gesellschaftsanteil samt aller abspaltbaren Vermögensansprüche pfänden läßt, die künftigen Früchte des Anteils selbst dann gebühren, wenn der Vollstreckungsschuldner sie schon vor der Pfändung an einen Dritten abgetreten hatte?

Der Erstreckung des Pfändungspfandrechts am Gesellschaftsanteil nach § 1124 Abs. 2 BGB analog auch auf die künftigen Ansprüche, die der Schuldner/Gesellschafter durch Vorausabtretung schon vorher vergeben hatte, steht bereits das Fehlen einer für die Analogiebildung erforderlichen planwidrigen Gesetzeslücke entgegen. So ist nicht anzunehmen, daß der Gesetzgeber die Kollision von Wertabspaltung und vollstreckungsmäßigem Zugriff auf den Gesellschaftsanteil übersehen haben könnte, da das Gesetz die Pfändung von Personengesellschaftsanteilen in § 859 ZPO erlaubt (in § 725 BGB voraussetzt) und nach § 717 S. 2 BGB die isolierte Abtretung der besagten Vermögensansprüche zuläßt.

Zudem bleibt zu bedenken, daß § 1124 Abs. 2 BGB das Bestreben nach besonders effektiver Ausgestaltung der Grundpfandrechte zugrundeliegt[245]. Ein Gedanke, der bei der Zwangsvollstreckung in Gesellschaftsanteile keine Entsprechung findet, da sie keine "klassischen" Beleihungs- und Vollstreckungsobjekte sind.

---

244 Marotzke, ZIP 1988, 1509, 1522.

245 Hierzu bereits Marotzke a. a. O.

Die spätere Zwangsvollstreckung in den Gesellschaftsanteil ist danach genauso wie die Anteilsübertragung nach Vorausabtretung der Vermögensansprüche zu behandeln, d. h. sie geht der Vorausabtretung nur insoweit vor, als das Auseinandersetzungsguthaben betroffen ist. Hinsichtlich der Gewinnansprüche gilt demgegenüber, daß sie in der Person des Vorauszessionars entstehen, unbelastet von etwaigen Pfändungspfandrechten derjenigen, die als Privatgläubiger in den Gesellschaftsanteil vollstrecken.

Pfändungsrechtlich läßt sich dieses Ergebnis mit den Vorschriften der §§ 1273 Abs. 2 S. 2, 1213 Abs. 2 BGB absichern. Danach berechtigt das Pfandrecht an einem Recht, anders als das Pfandrecht an einer Sache, den Pfandgläubiger im Zweifel nicht zum Bezug der Früchte dieses Rechts. Zudem handelt es sich bei den Gewinnansprüchen, auch soweit sie noch nicht fällig sind, um Forderungen, die zwar aus der Mitgliedschaft fließen, von dieser gleichwohl verschieden sind. Die Eigenständigkeit kommt darin zum Ausdruck, daß sie häufig in Wertpapieren verbrieft sind. Es ist kein seltener Vorgang, daß ein Schuldner durch geschickte Manipulationen Teile seines Vermögens der Vollstreckung entzieht. Solche Möglichkeiten nimmt das Gesetz in den durch §§ 138, 826 BGB sowie dem Anfechtungsgesetz gezogenen Grenzen hin. Eine (zumindest teilweise) Fruchtlosigkeit der Vollstreckung gehört zum Risiko des Gläubigers.

Wollte man auch einen Vorrang der Vorausabtretung einzelner Ansprüche auf das Auseinandersetzungs- bzw. Abfindungsguthaben gegenüber der Anteilspfändung annehmen, so hätte es der Gesellschafter entgegen der positiven Vorschrift der §§ 851 II ZPO, 399 2. Var. BGB in der Hand, die Nichtpfändbarkeit der besagten Ansprüche durch eine die Übertragbarkeit der Forderung betreffende Vereinbarung zu erreichen[246]. Aus der Sicht des Pfändenden, dessen Schutz § 851 ZPO bezweckt[247], stellt sich die Abtretung an den Vorauszessionar in gleicher Weise als Beeinträchtigung des erstrebten Gläubigerzugriffs dar, wie die Vereinbarung der Nichtabtretbarkeit. In dem einen wie dem anderen Falle würde er einen Anteil pfänden, der seines wirtschaftlichen Wertes entledigt wä-

246 In diese Richtung bereits Wiedemann, Übertragung, 302.

247 Jauernig, Zwangsvollstreckungs- und Konkursrecht, § 33 II 1.

re. Die rechtstechnische Einkleidung der erstrebten Vereitelung von Gläubigerrechten darf bei Zugrundelegung des Sinns des § 851 II ZPO keine unterschiedlichen Ergebnisse erzeugen. Demzufolge läßt sich der Vorrang der Stammrechtspfändung, der bereits aus der Kündigungsbefugnis des Pfändungsgläubigers folgt, auch auf § 851 II ZPO stützen.

D. Konsequenzen für die Verwertung

Das hier dargelegte Ergebnis, wonach die Pfändung des Anteils i. S. v. § 859 Abs. 1 ZPO sich nur auf den im voraus abgetretenen künftigen Abfindungs- bzw. Auseinandersetzungsanspruch erstreckt, bleibt in seiner Bedeutung für die spätere Verwertung zu untersuchen. So wäre die abgelehnte Erstreckung der Anteilspfändung auf die vorausabgetretenen Gewinnansprüche dann eine rein formale Differenzierung ohne praktische Relevanz, wenn es der pfändende Gläubiger in der Hand hätte, unmittelbar im Anschluß an die Pfändung von dem Recht nach § 725 BGB bzw. § 135 HGB Gebrauch zu machen, die Gesellschaft zu kündigen und auf diese Weise eine Auseinandersetzung herbeizuführen. Mit der Auflösung der Gesellschaft wäre auch die Grundlage für die Gewinnansprüche entfallen. Etwas anderes würde sich indes dann ergeben, wenn festgestellt werden könnte, daß der Gläubiger für den Fall der Vorabspaltung jener einzelnen künftigen Vermögensansprüche wohl den Anteil nach § 859 Abs. 1 ZPO pfänden kann, seine sich anschließende Kündigung aber nicht wirksam wird. Eine Klärung dieser Frage kann nur über eine Analyse der Funktion des Kündigungsrechts erfolgen.

I. Die Funktion der Kündigung des Pfändungsgläubigers

Praktisch ist die Kündigung der Gesellschaft durch den pfändenden Gläubiger das einzige Mittel, um das in der Gesellschaft gebundene Vermögen des Gesellschafters zu lösen und einer Verwertung zugänglich zu machen[248]. Würde den Privatgläubigern von Personengesellschaftern, die ihre Gesellschaftsanteile im voraus um die Vermögensansprüche entleerten, das Kündigungsrecht abgesprochen, so hätte das gravierende Konsequenzen. Sie könnten das gesetzlich anerkannte Pfändungsrecht ausüben, wären grundsätzlich aber nicht in der Lage, den gepfändeten Gegenstand zu verwerten. Bedeutung hätte eine solche Pfändung nur noch dann, wenn die Gesellschaft durch Zeitablauf, ordentliche Kündigung oder einen sonstigen Auflösungsgrund in das Liquidationsstadium geraten ist und so die Vermögenswerte frei werden. Zweck des Zwangsvollstrek-

248 Huber, Vermögensanteil, 348; K. Schmidt, Gesellschaftsrecht, 1092; Reinhardt/Schultz, Gesellschaftsrecht, Rdn. 84.

kungsrechts ist es aber, dem Gläubiger zur Verwirklichung des materiellen Rechts Schutz zu gewähren[249]. Es soll hoheitliche Mittel zur Verfügung stellen, mit denen dem Gläubiger eines zahlungsunwilligen Schuldners die Befriedigung seiner anerkannten Forderung verschafft wird. Dementsprechend wäre zur Absicherung der oben erzielten Lösung erforderlich, daß das Gesetz einen Fall kennt, in welchem dem Gläubiger nur die Beschlagnahme eines Gegenstandes im Vollstreckungsverfahren zugebilligt wird, er diesen aber nicht sofort verwerten kann. Nach h. M. existiert eine solche Konstellation.

Für den Fall der Vollstreckung durch einen Gesellschaftsgläubiger sei aus dem Gesetzeszweck abzuleiten, daß dem Gesellschaftsgläubiger gegenüber einem Gesellschafter ausnahmsweise die Verwertungsmöglichkeit genommen werden soll[250]. Ob sich hieraus Argumente ergeben für die Einschränkung der Verwertungsbefugnis des Gläubigers, der teilentleerte Gesellschaftsanteile pfändet, hängt von zwei Prämissen ab.

In einem ersten Schritt muß untersucht werden, ob der Gesellschaftsgläubiger einer BGB-Gesellschaft oder einer oHG kündigungsberechtigt ist oder nicht[251]. Sollte dies mit der h. M. verneint werden, ist noch die Frage einer etwaigen Parallele zwischen der Einschränkung der Kündigungsbefugnis des Gesellschaftsgläubigers und derjenigen für den Gläubiger von vorausentleerten Gesellschaftsanteilen zu klären.

2. *Die Kündigungsbefugnis des pfändenden Gesellschaftsgläubigers*

Die teilweise wörtlich wiederkehrenden Argumente der h. M. gegen eine Kündigungsbefugnis des Gesellschaftsgläubigers basieren auf der Annahme, daß es sich bei der Kündigung des Pfandgläubigers um ein außergewöhnliches Mittel handelt, das auf die unbedingt nötigen Fälle zu beschränken sei und dessen der Gesellschaftsgläubiger nicht bedürfe[252]. Hierbei stützen sich ihre Vertreter darauf, daß der Gesellschaftsgläubiger in das Gesellschaftsvermögen vollstrecken und durch Konkurs der Ge-

---

249 Blomeyer, Zivilprozeßrecht, § 1 IV, 3 f.

250 Emmerich, Diss., 53 f.; Baumbach-Hopt, § 135 Anm. 1 A; Westermann, Personengesellschaftsrecht, Rdn. 330; Schönle, NJW 1966, 1797.

251 Von jeher die h. M. ablehnend Clasen, NJW 1965, 2142; Heinsheimer, Teilhaberschaft, 73; Staub-Pinner, § 135 Anm. 1.

252 A. Hueck, oHG, 368 Fußn. 24; Staudinger-Keßler, § 725 Anm. 2, 5.

sellschaft die Auflösung erzwingen könne[253]. Dadurch scheint der Einwand fehlenden Rechtsschutzes ausgeräumt, der dem Ausschluß der Kündigung des Gesellschaftsgläubigers in gleicher Weise entgegensteht, wie dem des Pfandgläubigers von vorausentleerten Gesellschaftsanteilen. Für die Frage des fehlenden Rechtsschutzes ist die Möglichkeit der Inanspruchnahme der Gesellschaft selbst indes unerheblich. Der Gläubiger wird lediglich an einen anderen Schuldner verwiesen; die Möglichkeit, sein anerkanntes Recht gegen seinen Schuldner zu verwirklichen, wird ihm abgesprochen. Nach überwiegendem Verständnis[254] fehlt dem Gesellschaftsgläubiger jedoch zudem deshalb die Kündigungsbefugnis i. S. der §§ 725 Abs. 1 BGB, 135 HGB, weil der Erfolg der Pfändung und Kündigung, nämlich "das Freiwerden des Gesellschaftsvermögens zur Befriedigung aus dem Auseinandersetzungsguthaben nicht erreicht werden könne". Infolge der Vollbefriedigung nach §§ 733 BGB, 149 HGB erhält der Gläubiger seine Forderung bezahlt; somit entsteht kein Anspruch auf das Auseinandersetzungsguthaben oder aber er fehlt bei mangelnder Vermögensmasse. Die Pfändung gehe ins Leere.

Gegen diese Ansicht ist geltend gemacht worden, daß es im Grunde unerheblich sei, auf welche Weise der Gläubiger sein Geld erhalte, wenn er nur in der rechtlich zulässigen Weise vorgeht und dadurch den gewünschten Erfolg erzielen kann[255]. Eben dies geschehe durch die Pfändung und Kündigung. Ohne Kündigung erhielte der Gläubiger auch nach §§ 733 Abs. 1 BGB, 149 HGB nichts; vielmehr sei die Kündigungsbefugnis dem Gesellschaftsgläubiger auch deshalb zu gewähren, um die Vorabbefriedigung nach diesen Vorschriften zu erzielen. Wollte man dem Gesellschaftsgläubiger die Kündigungsbefugnis nehmen, so wäre ihm jede Möglichkeit entzogen, bei Inanspruchnahme eines Gesellschafters seine Forderung durchzusetzen. Demgegenüber erschienen die Bedenken, daß der Gesellschaftsgläubiger nicht das Auseinandersetzungsguthaben, sondern bereits vorher aus dem Gesellschaftsvermögen befriedigt wird, unerheblich. Sie seien rein formaler Natur und nicht der wirtschaftlichen Interessenlage angepaßt. Problematisch ist, ob dem gefolgt werden kann.

---

253 Statt aller MünchKomm. – BGB – Ulmer, § 725 Rdn. 13.

254 So schon Schönle, NJW 1966, 1797, 1798.

255 Zimmer, Diss., 83 f.

Aufgabe des § 733 BGB ist es nicht, dem Gesellschaftsgläubiger einen Anspruch zu gewähren, den dieser durch Kündigung zum Entstehen bringen darf. Vielmehr soll die Norm verhindern, daß die Gesellschafter die Gesellschaft auflösen, das dabei entstehende Liquidationsguthaben zuerst unter sich verteilen und so die Befriedigung des Gesellschaftsgläubigers verhindern. Auch die bemängelte Folge einer engen Auslegung der §§ 725 Abs. 1 BGB, 135 HGB: die Möglichkeit einer erfolglosen Inanspruchnahme des Gesellschafters durch den Gesellschaftsgläubiger im Falle der Übertragung des Privat- in das Gesellschaftsvermögen, vermag die Ausgangsthese von der Kündigungsberechtigung des Gesellschaftsgläubigers und deren Konsequenzen nicht zu stützen. Es ist kein seltener Vorgang, daß ein Schuldner durch geschickte Manipulation sein Vermögen der Zwangsvollstreckung entzieht. Das Gesetz nimmt solche Möglichkeiten insoweit hin, als nicht durch die §§ 138, 826, 419 BGB oder das Anfechtungsgesetz die Interessen des Gläubigers berücksichtigt werden. Eine Fruchtlosigkeit der Zwangsvollstreckung gehört zum allgemeinen Risiko jedes Gläubigers. Demnach ist der aufgezeigte Widerspruch zwischen der h. M. und dem Zweck der Vollstrekkung hinzunehmen, da sich dem Gesetzeszweck – wie gezeigt – entnehmen läßt, daß ausnahmsweise dem Gesellschaftsgläubiger gegenüber einem Gesellschafter die Verwertungsmöglichkeit genommen werden soll.

Spricht die Vorabbefriedigung der Gesellschaftsgläubiger gem. §§ 733 BGB, 149 HGB gegen deren Kündigungsrecht nach §§ 725 Abs. 1 BGB, 135 HGB, dann läßt sich hieraus direkt kein Argument gewinnen, das eine Einschränkung der Kündigungsbefugnis des Pfändungspfandgläubigers von Gesellschaftsanteilen mit vorabgespaltenen Vermögensansprüchen trägt. Aus dem Ergebnis folgt jedoch gleichzeitig zwingend, daß die Kündigungsbefugnis des Pfändungsgläubigers Einschränkungen unterliegt und es sich bei ihr um ein außergewöhnliches Mittel handelt, das auf die unbedingt nötigen Fälle zu beschränken ist. Der Ausnahmecharakter der Kündigungsvorschriften für Privatgläubiger des Gesellschafters zwingt dazu, diese Vorschriften eng auszulegen.

3. Das Wahlrecht des pfändenden Privatgläubigers

In wirtschaftlicher Hinsicht hat der pfändende Privatgläubiger die Wahlmöglichkeit. Er kann nach §§ 725 BGB, 135 HGB die Gesellschaft kündigen und aus dem Auseinandersetzungsguthaben seines Schuldners Befriedigung erlangen; er kann aber auch die Gesellschaft bestehen lassen und sich aus den mit der Anteilspfändung automatisch mitgepfändeten Gewinnansprüchen befriedigen[256]. Teile der Literatur[257] sprechen davon, daß der Gläubiger auf den "Substanzwert" (Auseinandersetzungsguthaben) oder auf den "Ertragswert" (Gewinnanspruch) zugreifen kann. Die von § 725 Abs. 1 BGB vorausgesetzte Wahlmöglichkeit ist nach der hier vertretenen Ansicht, derzufolge sich das Pfändungspfandrecht des Gläubigers nicht auf den Gewinnanspruch erstreckt, nicht gegeben. Weshalb dem Gläubiger trotz der von § 725 BGB vorausgesetzten, hier aber fehlenden Wahlmöglichkeit erlaubt sein soll, unmittelbar nach der Pfändung des Anteils am Gesellschaftsvermögen die Gesellschaft zu kündigen und dadurch den Gewinnanspruch des Vorauszessionars zu vereiteln, ist nicht ersichtlich. Die Ausübung der Kündigung trotz vorabgespaltener Gewinnansprüche wäre wegen Formenmißbrauchs nach § 242 BGB unwirksam. Beschränkt man den Ausschluß der Kündigung auf die Zeit, in der der Vorauszessionar noch Befriedigung aus den im voraus abgetretenen Gewinnansprüchen erlangen kann, so erleidet die Substanz des Gesellschaftsanteils keine Einbuße. Auf die Substanz zielt der Pfändungsgläubiger aber ab. Für die Annahme, daß dem Pfändungsgläubiger der Anteil seines Schuldners am Gesellschaftsvermögen einer Gesamthandsgemeinschaft in toto zur Verfügung stehen muß, damit er von der Kündigungsbefugnis nach § 725 BGB Gebrauch machen kann, spricht auch der Gesetzeszusammenhang der §§ 725 Abs. 1 BGB, 859 Abs. 1 ZPO.

Den beiden Bestimmungen, die z. T. wörtlich aufeinander abgestimmt sind und eine zusammenhängende Regelung darstellen, kann man nicht entnehmen, daß bei der Ausübung des Pfändungsrechts und für die Durchführung der an die Pfändung geknüpften Rechte unterschiedliche Gläubigerkreise gemeint sein sollen. § 859 Abs. 1 ZPO geht aber davon aus, daß dem pfändenden Gläubiger der Anteil des Gesellschafters am Gesellschaftsvermögen ungeschmälert zur Verfügung steht, unabhängig

---

256 K. Schmidt, Gesellschaftsrecht, § 45 IV 2 a, 1092, 1093.

257 Huber, Vermögensanteil, 348.

von der Frage, ob es sich um eine Globalpfändung aller Vermögensansprüche aus dem Gesellschaftsanteil handelt[258]. Hinzu kommt folgendes: Hat der Gläubiger eines Personengesellschafters sich zur Sicherung seiner Ansprüche den Anspruch des Gesellschafters auf das Auseinandersetzungsguthaben abtreten lassen, so gewährt ihm die h. M.[259] keine Befriedigung, falls der Gesellschafter nicht zahlt. Will der Gläubiger nun aus dem an ihn abgetretenen Anspruch vorgehen, so greife seine Vollstreckung ins Leere. Dies ergebe sich daraus, daß einerseits der Gläubiger aus dem abgetretenen Anspruch bis zur Auflösung der Gesellschaft keine Rechte herleiten kann, andererseits eine Pfändung des Anspruchs auf das Auseinandersetzungsguthaben mit anschließender Kündigung daran scheitern müßte, daß der schuldende Gesellschafter nicht mehr Inhaber des Anspruchs ist[260]. Läßt man den Einwand gegen die hier vertretene Ansicht zu und gibt dem Pfändungsgläubiger des Gesellschaftsanteils die sofortige Kündigungsmöglichkeit, obwohl seine wesentlichen Vermögenswerte (Gewinnanspruch, Anspruch auf das Auseinandersetzungsguthaben) im Vorwege abgetreten worden sind, dann stünde der – vorsichtigere – Zessionar im Ergebnis schlechter. Dieses Ergebnis läßt sich de lege lata für das Verhältnis zum gewöhnlichen Gläubiger des Gesellschafters, der den "vollen" Anteil am Gesellschaftsvermögen pfändet, nicht leugnen[261]. Hinsichtlich des Pfändungsgläubigers von Gesellschaftsanteilen mit im voraus abgespaltenen Vermögensansprüchen muß etwas anderes gelten. Hierfür läßt sich auch anführen, daß die ein Veräußerungsverbot begründende Verstrickung grundsätzlich nicht geeignet ist, mehr Rechte zu erzeugen als die Inhaberschaft selbst. Der Wortlaut des § 725 BGB bzw. § 135 HGB ist demzufolge teleologisch dahingehend zu reduzieren, daß die Pfändung des Anteils nur dann zur Kündigung berechtigt, wenn dieser weder in toto noch in Teilen vorabgespalten wurde.

---

258 MünchKomm. – ZPO – Smid, § 859 Rdn. 1.

259 RGZ 95, 231, 234 f.; Schlegelberger-Geßler, HGB, 3. Auflage § 135 Rdn. 5.

260 Die oben genannten a. a. O.

261 Riegger, BB 1972, 115, 116.

V. Zusammenfassung

1. Bei den Ansprüchen auf das Auseinandersetzungsguthaben und den Gewinn handelt es sich um künftige Forderungen ("im weiteren Sinne"), weil ihre endgültige Entstehung nach § 721 BGB bzw. § 730 BGB von der Auflösung der Gesellschaft abhängig ist oder auf dem Eintritt eines bestimmten Termins beruht und nicht allein auf dem Abschluß des Gesellschaftsvertrages basiert (dazu oben III. B.).

2. Die Abtretung künftiger gesellschaftsrechtlicher Vermögensansprüche ist trotz starker Bedenken in der Literatur zulässig. Auch wenn nicht verkannt werden soll, daß die Abtretbarkeit künftiger Forderungen zu immer früheren und umfangreicher werdenden Kreditsicherungen geführt hat, ist die damit verbundene Benachteiligung ungesicherter Gläubiger hinzunehmen. Positivrechtlich folgt dieses Ergebnis aus einer gewohnheitsrechtlichen Anerkennung der Vorausabtretung; sachlich ergibt sich die Lösung aus der im Vergleich stärkeren Gläubigerbenachteiligung bei Beschränkung der Kreditsicherung auf gegenwärtige Forderungen (oben III. C.).

3. Die Rechtsprechung zieht zur Begründung ihres Dogmas vom Vorrang der Stammrechtsverfügung die Rechtsfigur des Durchgangserwerbs heran, indem sie den Erwerb der vorausabgetretenen gesellschaftsrechtlichen Vermögensansprüche davon abhängig macht, daß der zedierende Gesellschafter ohne die Vorausabtretung im Zeitpunkt der Entstehung der Ansprüche ihr Inhaber hätte werden müssen. Da der Gesellschafter jedoch vor der Vorausabtretung eine Forderungsanwartschaft an der künftigen Einzelforderung hatte, geht diese Argumentation fehl. Denn was das Gläubigerinteresse anbelangt, so liegt der Schwerpunkt grundsätzlich beim Zessionar, da er bereits nach der Abtretung eine gesicherte und geschützte Rechtsposition besaß. Angesichts dessen ist die Frage des Direkt- oder Durchgangserwerbs entgegen der Prämisse der Rechtsprechung zugunsten des Direkterwerbs zu entscheiden (unten III. D.).

4. Mit der Entscheidung zugunsten des Direkterwerbs ist die Frage nach der Privilegierung des Zessionars oder des Anteilserwerbers jedoch noch nicht entschieden. Zwar hat die Konstruktion des Erwerbs künftiger Forderungen präjudizierende Bedeutung für die Zugrundelegung des Ordnungsprinzips zur Lösung der Kollisionslagen bei Doppelverfügungen. So läßt sich mit dem Direkterwerb anschaulich die Geltung des Prioritätsprinzips und mit dem Durchgangserwerb einfach das Dogma vom Vorrang der Stammrechtsverfügung erklären. Die Konstruktion des Erwerbs künftiger Forderungen erfolgt jedoch ohne Blick auf Doppelver-

fügungen und hat bisher insbesondere spätere Stammrechtsverfügungen nicht berücksichtigt. Daher müssen für die Kollision mit späteren Stammrechtsverfügungen allein die Ordnungsprinzipien untersucht werden. Entsprechend dem konstruktiv bedingten Präjudiz ist Ausgangspunkt das Prioritätsprinzip. Eine Analyse seiner ökonomischen Determinanten und positivrechtlichen Verankerungen ergibt eine Differenzierung zwischen den einzelnen im Vorwege abgetretenen Vermögensansprüchen. Das Prioritätsprinzip basiert auf der Evidenz des linearen Zeitablaufs als Handlungsmaßstab für die Rechtsunterworfenen. Kann der Anteilserwerber aber nicht erkennen, daß der Gesellschaftsanteil seines Auseinandersetzungsanspruchs als wesentlichen Vermögenswertes entleert ist, so bringt er durch sein Verhalten (Kündigung der Gesellschaft) diesen Anspruch erst zum Entstehen. Dieses Ergebnis, das nach dem Dogma vom Vorrang der Stammrechtsverfügung zwingend wäre, verstieße nicht allein gegen das Prioritätsprinzip, sondern wäre mit der Nichtigkeitsnorm des § 723 Abs. 3 BGB unvereinbar. Der vom Prioritätsprinzip ökonomisch ebenfalls zwingend gebotene Schutz des Vorauszessionars führt jedoch dazu, daß diesem wenigstens der Gewinnanspruch als Sicherungsmittel erhalten bleiben muß (dazu oben IV. A. 1.).

5. Ausnahmen zum Prioritätsprinzip greifen für die untersuchten Kollisionslagen nicht ein. Die mietrechtliche Regelung des § 573 BGB hat mit der Frage der Wirksamkeit einer Vorausabtretung bei späterer Anteilsveräußerung nichts zu tun. Durch § 573 BGB wird nicht der Erwerb eines vermieteten Hausgrundstücks geschützt. Demnach liegt auch bei Doppelverfügungen keine das Prioritätsprinzip überspielende Gutglaubensvorschrift vor (IV. A. 2.).

6. Die Ansichten, welche eine Ausnahme zum Prioritätsprinzip mit allgemeinen Ordnungsprinzipien begründen wollen, formulieren eher ein Postulat, als daß sie eine Begründung geben. Die ihnen zugrundeliegende römisch-rechtliche Rechtsfigur der societas leonina wird überdehnt und trägt bei richtiger historischer Interpretation das Ergebnis nicht (unten IV. A. 3.).

7. Die weit verbreitete Ansicht, die das Erstarken der schuldrechtlichen Anwartschaft in der Person des Vorauszessionars von dem Weiterbestehen der vertraglichen Gläubigerstellung des Zedenten abhängig macht, vermag nicht zu überzeugen. Das Anwartschaftsrecht ist unlösbar mit dem schuldrechtlichen Grundverhältnis verknüpft und der Zedent ist

daran gehindert, vor Entstehung der Forderung in dieses Grundverhältnis durch Anteilsübertragung einzugreifen (unten IV. A. 4.).

8. Die Interessenbewertung wird auch durch die Fälle der Sonderzuordnung des vererbten Personengesellschaftsanteils nicht in Frage gestellt. Hierfür spricht, daß es für die rechtliche Bewertung keinen Unterschied macht, ob die Erben die künftigen gesellschaftsrechtlichen Vermögensansprüche durch Abspaltung oder eine die Erbfolge vorweggenommene Abtretung erworben haben. Die gesetzliche Abspaltung und die gewohnheitsrechtliche Vorausabtretung haben denselben Charakter (IV. B.).

9. Eine Pfändung des Gesellschaftsanteils ist einer Anteilsübertragung in den Punkten, die für die differenzierende Behandlung der Gewinn- und Auseinandersetzungsansprüche wesentlich sind, vergleichbar. Eine Anteilspfändung erfaßt nur den im voraus abgetretenen Anspruch auf das Auseinandersetzungsguthaben. Die fehlende Erstreckung auf die Gewinnansprüche läßt sich verstärkend auf §§ 1273 Abs. 2 S. 2, 1213 Abs. 2 BGB stützen (vgl. dazu oben IV. C.).

10. Als Konsequenz des zum Umfang des Pfändungsrechts gewonnenen Ergebnisses erstreckt sich die Verwertung der vorausentleerten Gesellschaftsanteile nur auf eine Beschlagnahmewirkung (oben IV. D.).

11. Dem eingangs erwähnten Dogma vom Vorrang der Stammrechtsverfügung kann nicht zugestimmt werden: Der vorausabgetretene Anspruch auf den Gewinnanteil steht dem Vorauszessionar auch nach späterer Anteilsübertragung zu.

Literaturverzeichnis

Alternativkommentar: Kommentar zum Bürgerlichen Gesetzbuch Bd. 1-6, 1979-1990, bearb. v. Gert Brüggemeier (u.a.)
(zitiert: AlternKomm.-Bearbeiter, § Rdn.)

Armbrüster, Christian: Abtretung künftiger gesellschaftsrechtlicher Vermögensansprüche bei anschließendem Verlust der Gesellschafterstellung, NJW 1991, 606 ff.

Arndt, Adolf: Die Wirkung einer Vorausabtretung künftiger Forderungen im Konkurs, DRiZ 1954, 233 f.

Ballerstedt, Kurt: Der gemeinsame Zweck als Grundbegriff des Rechts der Personengesellschaften, JuS 1963, 253 ff.

Bartholomeycik, Horst: Die Kunst der Gesetzesauslegung, 4. Auflage 1967
(zitiert: Bartholomeycik, Die Kunst der Gesetzesauslegung, S.)

Baumbach, Adolf: Handelsgesetzbuch, 29. Auflage 1995
(zitiert: Baumbach-Hopt, § Anm.)

Baumbach, Adolf; Lauterbach, Wolfgang; Albers, Jan; Hartmann, Peter: Zivilprozeßordnung, 47. Aufl., München 1989
(zitiert: Baumbach/Lauterbach/Albers/Hartmann/Bearbeiter, §, Rdnr.)

Baur, Fritz: Lehrbuch des Sachenrechts, fortgeführt von Jürgen Baur und Rolf Stürner, 16. Aufl., München 1992
(zitiert: Baur/Stürner, Sachenrecht, S.)

Becker: Zwangsvollstreckung in die Gesellschafterrechte bei den Personengesellschaften, GmbHRdsch. 1950, 133 ff.

Berghaus, Bernd-Michael: Kollision zwischen Factoring-Globalzession und verlängertem Eigentumsvorbehalt, Diss. jur. Bonn 1989
(zitiert: Berghaus, Diss., S.)

Bergk, Alfred: Übertragung und Pfändung künftiger Rechte mit besonderer Berücksichtigung der Rechtsprechung des Reichsgerichts, Diss. jur. Halle-Wittenberg 1912
(zitiert: Bergk, Diss., S.)

Beuthien, Volker: Treuhand an Gesellschaftsanteilen. Zeitschrift für Unternehmens- und Gesellschaftsrecht, ZGR 1974, 26 ff.

–: Verlängerter Eigentumsvorbehalt und Globalzession, BB 1971, 375-381

Blomeyer, Arwed: Studien zur Bedingungslehre, Teil I, 1938
(zitiert: Blomeyer, Bedingungslehre, S.)

–: Zivilprozeßrecht. Erkenntnisverfahren, 2. vollst. überarb. Auflage, Berlin: Duncker & Humblot 1985

Börner, Bodo: Die Erbengemeinschaft als Gesellschafterin einer offenen Handelsgesellschaft – Die unbewältigte Erbenhaftung – AcP 1966 (166), 426 ff.
Bommert, Rainer: Neue Entwicklungen zur Frage der Testamentsvollstreckung in Personengesellschaften, BB 1984, 178
Brox, Hans: Erbrecht, 14. verb. u. erw. Aufl., Köln, Berlin, Bonn, München: Heymann (1993)
(zitiert: Brox, Erbrecht, Rdnr.)
Bruns-Peters: Zwangsvollstreckungsrecht, 2. Auflage, München 1976
Buchta: Geschichte und Kritik der deutschen Gesamthandslehre, 1936
Canaris, Claus-Wilhelm: Methodenlehre der Rechtswissenschaft, 3. neubearb. Auflage, Berlin, Heidelberg, New York: Springer 1995
(zitiert: Canaris, Methodenlehre, S.)
Clasen, Heinrich: Vollstreckungs- und Kündigungsrecht des Gläubigers einer oHG gegen Gesellschaft und Gesellschafter, NJW 1965, 2141 f.
Claussen, Carsten P.: Börsenzugang für mittelständische Unternehmen – Stellungnahme zum Bericht der Kommission "Zweiter Börsenmarkt", GmbHR 1988, 417
Dempewolf, Günter: Prioritätsprinzip auch bei Konkurrenz zwischen verlängertem Eigentumsvorbehalt und Globalzession, NJW 1957, 858
Dieckmann, Albrecht: Globalzession und verlängerter Eigentumsvorbehalt, BGHZ 30, 149, JuS 1961, 219
Diederichsen, Uwe: Die BGB-Klausur, 7. neubearb. u. erw. Aufl., München: Beck 1988
Diekmann: Die Übertragbarkeit von Gesellschaftsanteilen bei der offenen Handelsgesellschaft, Diss. jur. Göttingen 1936
Dietz, Rolf und Wiedemann, Herbert: Schlechterfüllung des Arbeitsvertrages, Lohnminderung oder Schadensersatz ? JuS 1961, 116
Dorndorf, Eberhard/Frank, Jürgen: Reform des Rechts der Mobiliarsicherheiten – unter bes. Berücksichtigung der ökonomischen Analyse der Sicherungsrechte, ZIP 1985, 65 ff.
Düll, Rudolf: Corpus Juris, eine Auswahl der Rechtssätze der Antike, 2. Aufl., München 1960
Düringer/Hachenburg: Kommentar zum Handelsgesetzbuch, Bd. II, 2. Halbbd.; §§ 105-177, 335-342, 3. Aufl., Mannheim, Berlin 1932
(zitiert: Bearbeiter in: Düringer/Hachenburg, Bd., Anm.)

Ebert, Kurt H.: Die rechtsfunktionelle Kompetenzabgrenzung von Gesellschafts- und Erbrecht, Diss. jur. Frankfurt 1972
(zitiert: Ebert, Diss., S.)

Eccius: Zur Frage der Abtretung künftiger Forderungen, DJZ 1904, 53

–: Wesen der Verfügung des Bürgerlichen Gesetzbuchs, Gruchot 48 (1904), 465 ff.

–: Kurze Erörterungen, 1. Abtretung künftiger Forderungen, Gruchot 53 (1909), 1-7

Egert, Hans: Rechtsbedingungen im System des Bürgerlichen Rechts, 1974
(zitiert: Egert, Die Rechtsbedingung, S.)

Ehlke, Michael: Ergebnisverwendungsregelungen in der GmbH nach dem BiRiLiG, DB 1987, 671 f.

Emmerich, Volker: Die Stellung des Gläubigers im Recht der Personengesellschaften des Handelsrechts: Die Pfändung des Gesellschaftsanteils eines persönlich haftenden Gesellschafters, Diss., Frankfurt/M. 1970

Enneccerus, Ludwig: Allgemeiner Teil des Bürgerlichen Rechts. Ein Lehrbuch. 15. neuberb. Auflage von Carl Nipperdey, Bd. 1, 1-2, Tübingen: Mohr 1959-1960
1. Allgemeine Lehren, Personen, Rechtsobjekte 1959, 1.-2. Ex.
2. Entstehung, Untergang und Veränderung der Rechte 1960, 1. Ex.
(zitiert: Enn.-Nipperdey, Bd., §)

Erman, Walter: Verwaltung der Rechte eines Kommanditisten durch einen persönlich haftenden Gesellschafter der Kommanditgesellschaft, in: Festschrift für Hans Carl Nipperdey, Bd. 1, München 1965, 277 ff.
(zitiert: Erman, in: Nipperdey-FS I, S.)

–: (Begr.) Handkommentar zum Bürgerlichen Gesetzbuch, 9. neubearb. Auflage, Bd. 1-2, 1993
(zitiert: Erman/Bearbeiter, § Rdn.)

–: Verlängerter Eigentumsvorbehalt und Globalzession, BB 1959, 1109 ff.

Ensthaler, Jürgen: Die Liquidation von Personengesellschaften. Gewinn- u. Verlustverteilung bei der Liquidation der Gesellschaft und beim Ausscheiden eines Gesellschafters, Berlin 1985

Esch, Günter: Die Nachlaßzugehörigkeit vererbter Personengesellschaftsbeteiligungen, NJW 1984, 339

Esser, Josef und Weyer, Leo: Schuldrecht, Bd. 2, Besonderer Teil, 6. Aufl., Karlsruhe 1984

Esser, Josef: (Begr.) Schuldrecht, 8. Auflage, Bd. 1, 1-1995
(zitiert: Esser, Schuldrecht, § S.)

–: Globalzession und verlängerter Eigentumsvorbehalt, JZ 1968, 281 f.

–: Vorverständnis und Methodenwahl in der Rechtsfindung. Rationalitätsgarantien der richterlichen Entscheidungspraxis
(zitiert: Vorverständnis)

–: § 138 BGB und die Bankpraxis der Globalzession ZHR 135 (1971) 320 ff.

–: Fälle und Lösungen nach höchstrichterlichen Entscheidungen. BGB-Schuldrecht, 3. völlig neu bearb. Aufl., Karlsruhe: Müller 1971, bearb. von Josef Esser, Eike Schmidt, Johannes Köndgen

Esser, Josef, Esser/Schmidt: Schuldrecht, Bd. I, AT, Teilbd. 1, Entstehung, Inhalt und Beendigung von Schuldverhältnissen

Fahland, Monika: Das Verfügungsverbot nach §§ 135, 136 BGB in der Zwangsvollstreckung und seine Beziehung zu den anderen Pfändungsfolgen, 1975
(zitiert: Fahland, Verfügungsverbot, §)

Fikentscher, Wolfgang: Zu Begriff und Funktion des gemeinsamen Zwecks im Gesellschafts- und Kartellrecht, in: Festschrift für Harry Westermann zum 65. Geburtstag, 1987
(zitiert: Fikentscher, in: FS-Harry Westermann, S.)

–: Schuldrecht, 7. Aufl., Berlin, New York 1985
(zitiert: Fikentscher, Schuldrecht, S.)

Finger, Peter: Verlängerter Eigentumsvorbehalt und Globalzession, JZ 1970, 642 ff.

Fischer, Norbert: Kollision des verlängerten Eigentumsvorbehaltes der Warenlieferanten mit den Sicherungsmitteln der Geldkreditgeber, Diss. jur. Münster 1956

Fischer, Robert: Besprechung von: Wiedemann, Die Übertragung und Vererbung von Mitgliedschaftsrechten bei Handelsgesellschaften, München 1965, ZHR 130 (1969), 359 ff.

Fleck, Hans-Joachim: Stimmrechtsabspaltung in der GmbH, in: Festschrift für Robert Fischer, Berlin 1979, 107 f.
(zitiert: Fleck, in: Fischer-FS, S.)

Flume, Werner: Der verlängerte und erweiterte Eigentumsvorbehalt, NJW 1950, 841-850

Flume, Werner: Gesellschaft und Gesamthand, ZHR 136 (1972, 177 ff.)
–: Die Rechtsnachfolge in die Mitgliedschaft in einer Personengesellschaft durch Übertragung der Mitgliedschaft, in: Festschrift für Karl Larenz, 769 ff., München 1973
(zitiert: Flume, in: FS-Larenz, S.)
–: Allgemeiner Teil des Bürgerlichen Rechts, 1. Band, 1. Teil: Die Personengesellschaft, Berlin, Heidelberg, New York 1977
(zitiert: Flume, Die Personengesellschaft, S.)
–: Die Rechtsstellung des Vorbehaltskäufers, AcP 161 (1961), 385 ff.
–: Die Erbennachfolge in den Anteil an einer Personengesellschaft und die Zugehörigkeit des Anteils zum Nachlaß, NJW 1988, 161 ff.
–: Zur Problematik des verlängerten Eigentumsvorbehalts, NJW 1959, 913 ff.
Förster-Eccius: Preußisches Privatrecht, Bd. 1, 7. Aufl., Berlin 1896
Furtner, Georg: Pfändung der Mitgliedsrechte bei Personengesellschaften, MDR 1965, 613 ff.
Gaul, Friedrich: Zur Struktur der Zwangsvollstreckung, RPfleger 1971, 7 ff.
Gernhuber, Joachim: Freiheit und Bindung des Vorbehaltskäufers nach Übertragung seines Anwartschaftsrechtes, in: Festschrift für Fritz Baur zum 70. Geburtstag 1981, 31 ff.,
(zitiert: Gernhuber, in: FS-Baur, S.)
Gierke, Otto: Deutsches Privatrecht, 1. Bd., AT, 1895
Godin, Frh. v.: Aktiengesetz v. 6. Sept. 1965, Komm. v. Frh. v. Godin u. Hans Wilhelm, 4. Aufl., neu bearb. von Sylvester Wilhelmi, Bd. 1.2., Berlin, New York: 1971
1. §§ 1 – 178
2. §§ 179 – 410 Einführungsgesetz, Sachverz.
(zitiert: Godin-Wilhelmi, AktG, § Anm.)
Gödde, Tilmann: Die Gewinn- und Auseinandersetzungsansprüche bei einer Gesellschafternachfolge aufgrund rechtsgeschäftlichen Eintrittsrechts, DNotZ 1988, 603 ff.
Götz, Volkmar: Verfassungsschranken interventiorischer Regulierung nach europäischem Gemeinschaftsrecht im Vergleich mit dem Grundgesetz, JZ 1989, 1021 f.
Gorski, Walther: Die Fabel vom Löwenanteil in ihrer geschichtlichen Entwicklung, Diss. phil., Berlin 1888

Großkomm. HGB: Handelsgesetzbuch, Großkomm., begründet von Hermann Staub, 3. Aufl. 1967 ff.
(zitiert: Bearbeiter in: Großkomm. HGB, Bd., §, Rdn.)
Grünebaum: Zur Frage betreffend die Abtretung über künftige Forderungen, DJZ 1905, 802 ff.
–: Die Verfügung über künftige Forderungen, Recht 1909, 660 ff.
Hackenbroch, Rüdiger: Die Verpfändung von Mitgliedschaftsrechten in oHG und KG an Privatgläubiger des Gesellschafters, Köln 1970
(zitiert: Hackenbroch, Diss., S.)
–: Die Abtretung der Mitgliedschaft und vermögensrechtlicher Einzelansprüche in Personengesellschaften in: Gesellschaften und Gesellschafter im Steuerrecht, Festschrift zum 10-jährigen Bestehen der Fachhochschule für Finanzen NRW in Nordkirchen, Bonn 1986
(zitiert: Hackenbroch, in: FS-FH Nordrhein-Westfalen, S.)
Hadding, Walther: Die Verfügungen über Mitgliedschaftsrechte, Festschrift für Steindorff, 1990, 31 ff.,
(zitiert: Hadding, in: FS-Steindorff, S.)
Hadding, Walther und Schneider, Uwe: (Hrsg. v.) Gesellschaftsanteile als Kreditsicherheit, Berlin 1979. Untersuchungen über das Spar-, Giro- und Kreditwesen, Abt. B, Bd. 17
(zitiert: Bearbeiter in: Hadding/Schneider, Gesellschaftsanteile als Kreditsicherheit, S.)
Hahnzog, Werner: Die Rechtsstellung des Zessionars künftiger Forderungen, 1962
(zitiert: Hahnzog, Diss., S.)
Halm, Karl: Fabulae Aesopicae collecte, Leipzig 1872
Hausmaninger, Eberhard/Selb, Walther: Römisches Privatrecht, 3. Aufl. 1985
Heck, Philipp: Grundriß des Sachenrechts, Tübingen 1930, Neudruck Aalen 1960
(zitiert: Heck, Sachenrecht)
Heckelmann, Dieter: Abfindungsklauseln in Gesellschaftsverträgen. Eine Studie über die Grenzen der Gestaltungsfreiheit bei Ausscheiden aus der offenen Handelsgesellschaft, München
(zitiert: Heckelmann, Abfindungsklauseln, S.)
Heinzheimer, Rudolf: Über die Teilhaberschaft, 1930
(zitiert: Teilhaberschaft)
Henckel, Wolfram: Prozeßrecht und materielles Recht, 1970

Hennerkes, Brunn-Hagen/May, Peter: Die GmbH & Co. KG auf Aktien als Rechtsform für börsenwillige Familienunternehmen? BB 1988, 2393 ff.
Hennrichs, Joachim: Kollisionsprobleme bei Vorausabtretung zukünftiger Forderungen, JZ 1993, 227 ff.
Heymann, Ernst: Handelsgesetzbuch (ohne Seerecht), Berlin 1995 (neue 2. Aufl.) Bd. 1-2, mit Erläuterungen von Norbert Horn, Volker Emmerich u.a.
(zitiert: Heymann-Bearbeiter, §, Rdn.)
Hochgräbe: Vergleich einer Erbengemeinschaft, die ein Handelsgewerbe betreibt, mit einer offenen Handelsgesellschaft, Diss. jur. Jena 1933
Hofmann, Paul: Der verlängerte Eigentumsvorbehalt als Mittel der Kreditsicherung der Warenlieferanten, Diss. jur. Mainz 1960
Hommelhoff, Peter: Die Ergebnisverwendung in der GmbH nach dem Bilanzrichtliniengesetz, ZGR 1986, 418 f.
Hopt, Klaus J.: Handelsrecht, von Klaus J. Hopt und Klaus P. Mössle, München: Beck 1986 (Juristischer Studienkurs)
(zitiert: Hopt/Mössle, Handelsblatt, S.)
Hopt, Klaus: Gesellschaftsrecht, 4. Aufl., München 1996
(zitiert: Hopt, GesR., Rdn.)
Huber, Ulrich: Vermögensanteil, Kapitalanteil und Gesellschaftsanteil an Personengesellschaften des Handelsrechts, Heidelberg 1970
(zitiert: Huber, Vermögensanteil, S.)
Hueck, Alfred: Das Recht der offenen Handelsgesellschaft. Systematisch dargestellt, 4. neubearb. Auflage, Berlin, New York: de Gruyter 1971, IV, 538
(zitiert: Hueck, oHG, §, S.)
Hueck, Götz: Minderheitenschutz bei der Ergebnisverwendung in der GmbH – Zur Neuregelung des § 29 GmbHG durch das Bilanzrichtliniengesetz, in: Festschrift für Ernst Steindorff, 1990, 45 ff.
(zitiert: Hueck, in: Steindorff-FS, S.)
–: Gesellschaftsrecht. Ein Studienbuch von Götz Hueck, 19. völlig neu bearb. Aufl. des von Alfred Hueck begr. Werkes, München 1991
(zitiert: G. Hueck, Gesellschaftsrecht, §)
Hufnagel: Kreditsicherung durch Vorausabtretung zukünftiger Forderungen, NJW 1952, 490 ff.

Jaeger-Henckel: Konkursordnung, 9. Aufl.:
§§ 1 – 9, 1977,
§§ 10 – 18, 1980,
§§ 19 – 28, 1982

Jauernig, Othmar: Zwangsvollstreckungs- und Konkursrecht. Ein Studienbuch, 19. völlig neu bearbeitete Auflage des von Friedrich Lent begründeten Werkes, München 1990

–: (Hrsg.) Bürgerliches Gesetzbuch, 7. Auflage 1994
(zitiert: Jauernig-Bearbeiter, § Anm.)

Kaduk, Hubert: Fragen zur Zulässigkeit von Verfügungen zugunsten eines Dritten, in: Festschrift für Karl Larenz zum 80. Geburtstag am 23. April 1983, hrsg. von Claus-Wilhelm Canaris, Uwe Diederichsen, München: Beck 1983, 303 f.
(zitiert: Kaduk, in: FS-Larenz, S.)

Kegel, Gerhard: Von wilden Tieren, zerstreuten Leuten und versunkenen Schiffen. Zum Verhältnis von Besitz und Eigentum bei beweglichen Sachen, in: Festschrift für Ernst von Caemmerer, 1978, 149 ff.
(zitiert: Kegel, in: von Caemmerer-FS, S.)

Kellermann, Wilfried: Der Zweck insbesondere der Gesellschaft bürgerlichen Rechts, Diss. jur. Kiel 1988
(zitiert: Kellermann, Gemeinsamer Zweck, S.)

Kilger, Joachim: (Begr.) Konkursordnung, 16. Aufl. 1993, Karsten Schmidt

Kipp, Theodor: Erbrecht, 13. Aufl., Tübingen 1978, bearb. von: Kipp, Theodor/Coing, Helmut
(zitiert: Kipp/Coing, Erbrecht, §, S.)

Koch, Ulrich: Streit der BGB-Senate um die Nachlaßzugehörigkeit des vererbten Gesellschaftsanteils, Anm. zum Urt. BGH IV a ZR 155/86 (BGHZ 98, 48), BB 1987, 2106

Köbler, Gerhard: Erbrecht und Gesellschaft, Diss. jur. Göttingen 1974
(zitiert: Köbler, Diss., S.)

Kötter, Hans-Wilhelm: Die Tauglichkeit der Vorausabtretung als Sicherungsmittel, Diss. jur. Frankfurt 1960
(zitiert: Kötter, Diss., S.)

Kohler, Siegfried: Die Pfändbarkeit zukünftiger Forderungen, Diss. jur. Mainz 1952
(zitiert: Kohler, Diss.. S.)

Koller, Ingo: Vorausabtretung des Auseinandersetzungsanspruchs; Pfändung/Verpfändung des Gesellschaftsanteils, WuB II C, § 15 GmbH-Gesetz 1.89, 199 f.
Konzen, Horst: Der vermeintliche Erbe in der oHG, ZHR 145 (1981), 29 ff.
Kubisch: Anmerkung zum BGH-Urteil vom 14.05. 1956, NJW 1956, 1753
Kübler, Friedrich: Gesellschaftsrecht. Die privatrechtlichen Ordnungsstrukturen und Regelungsprobleme von Verbänden und Unternehmen, ein Lehrbuch, 4. neubearb. und erw. Aufl., Heidelberg 1994
(zitiert: Kübler, GesR, §)
Küster, Erwin: Gesellschafternachfolge und Erbengemeinschaft bei der offenen Handelsgesellschaft, Diss. jur. Tübingen 1968
Kuhn-Uhlenbruck: Konkursordnung, 10. Aufl., München 1986
Kunz: Über die Rechtsnatur der Gemeinschaft zur gesamten Hand, Diss., Zürich 1963
Kruse, Heinrich Wilhelm: Die Vererbung des Mitgliedschaftsrechts in der oHG im Falle der Nachfolgeklausel, in: FS-Laufke, 179 ff.
Lange, Heinrich: Lage und Zukunft der Sicherungsübertragung, NJW 1950, 565 f.
Larenz, Karl: Lehrbuch des Schuldrechts, 10. völlig neubearbeitete Auflage, Bd. 1, 2, München 1970-1972
1. Allgemeiner Teil 1970
2. Besonderer Teil 1972
(zitiert: Larenz, Schuldrecht, Bd. II, §, S.)
–: Allgemeiner Teil des Bürgerlichen Rechts, 7. Auflage 1989
–: Lehrbuch des Schuldrechts, Bd. 1, Allgemeiner Teil, 14. Auflage 1987
(zitiert: als Larenz, SchR AT, §, S.)
–: Methodenlehre der Rechtswissenschaft, 6. neubearbeitete Auflage, Berlin, Heidelberg, New York 1991
Lempenau, Gerhard: Direkt- oder Durchgangserwerb, Diss. jur. 1977, 42 f.
(zitiert: Lempenau, Diss., S.)
Lenz, Uwe: Personenverbände-Verbandspersonen – Kartellverträge. Eine Studie zum Merkmal des gemeinsamen Zwecks im Personengesellschaftsrecht, im Recht der Körperschaften und im Kartellrecht, Mün-

chen 1987 (zitiert: Lenz, Personenverbände-Verbandspersonen-Kartellverträge, S.)
Leonhard: Das Schuldrecht des BGB, Bd. I, Allgemeines Schuldrecht des BGB, 1929
Lessing, Gotthold Ephraim: Fabeln, 1759
Lieb, Michael: Das künftige Recht als Rechtsfigur des Privatrechts, Diss. jur. Tübingen 1938
Liebs, Rüdiger: Die Anpassung des Gesellschaftsvertrags der GmbH an das Bilanzrichtlinien-Gesetz, DB 1986, 2421 ff.
Lopau, Eberhard: Die höchstrichterliche Rechtsprechung zur Forderungsvorausabtretung bei verlängertem Eigentumsvorbehalt, DB 1973, 1537 ff.
Lutter, Marcus: Theorie der Mitgliedschaft – Prolegomena zu einem Allgemeinen Teil des Korporationsrechts, AcP 180 (1980), 84 ff.
Marcus: Zur Natur der Kündigungsrechte in den Fällen der §§ 725 BGB, 135 HGB, 66 GenG, JW 1907, 539 ff.
Marotzke, Wolfgang: Das Anwartschaftsrecht, ein Beispiel sinnvoller Rechtsfortbildung, Diss. jur. 1977
(zitiert: Marotzke, Anwartschaft, S.)
–: Der Einfluß des Konkurses auf vor Verfahrenseröffnung getätigte Vorauszessionen – Kritische Bemerkungen zu Blatt 730, 218, 64, 312 BGH LM Nr. 1 zu § 15 KO, KTS 1979, 40 ff.
–: Zwangsvollstreckung in Gesellschaftsanteile nach Abspaltung der Vermögensansprüche, ZIP 1988, 1509 ff.
–: Drei Ziele unter einem Hut? Neue Hinweise des BGH zur Gestaltung der Gesellschafternachfolge, JR 1988, S. 184 f.
–: Die Mitgliedschaft in einer oHG als Gegenstand der Testamentsvollstreckung, JZ 1986, 457 f.
Maunz, Theodor: Grundgesetz. Kommentar von Theodor Maunz, Günter Dürig, Roman Herzog (u.a.), Bd. 1 – 4, München 1974
Medicus, Dieter: Kreditsicherung durch Verfügung über künftiges Recht, JuS 1967, 385 f.
–: Allgemeiner Teil des BGB, 4. Aufl., Heidelberg 1990
–: Schuldrecht. Ein Studienbuch, 6. neubearb. Auflage, Bd. 1, München 1992
–: Bürgerliches Recht. 16. Auflage, Köln, Berlin, Bonn, München 1993
Messer, Herbert: Pfändung des Gesellschafteranteils an einer BGB-Gesellschaft, WuB VI E § 829 ZPO, 7.86

Motive: Zu dem Entwurfe eines Bürgerlichen Gesetzbuches für das Deutsche Reich,
Bd. I, Allgemeiner Theil, Berlin und Leipzig 1888
(zitiert: Motive I, S.)
–: Zu dem Entwurfe eines Bürgerlichen Gesetzbuches für das Deutsche Reich, Amtl. Ausgabe, Bd. 1-5,
Bd. II, Recht der Schuldverhältnisse, Berlin und Leipzig 1888
(zitiert: Motive II, S.)
–: Zu dem Entwurfe eines Bürgerlichen Gesetzbuches für das Deutsche Reich, Amtl. Ausgabe, Bd. 1-5,
Bd. III, Sachenrecht, Berlin und Leipzig 1888
(zitiert: Motive III, S.)
Müller, Gerd: Vorausverfügung über gesellschaftsrechliche Einzelansprüche und Übertragung der Mitgliedschaft, ZIP 1994, 342 f.
Müller, Klaus: Die Sicherungsübertragung von GmbH-Anteilen
(zitiert: Müller, Sicherungsübertragung, S.)
Müller-Gugenberger, Christian: Gesellschaft/Société und Groupement als Rechtsformen zur Unternehmenskooperation. Eine rechtsvergleichende Untersuchung des französischen, belgischen und deutschen Gesellschaftsrechts im Hinblick auf die grenzüberschreitende Zusammenarbeit in Europa, Baden-Baden 1976
Müller-Gugenberger, Christian: Bemerkungen zur "societas leonina", in: Gedächtnisschrift Rödig 1978, 274 ff.
Mümmler, A.: Zwangsvollstreckung in das Gesellschaftsvermögen und in Gesellschaftsanteile der Gesellschaft des bürgerlichen Rechts und der offenen Handelsgesellschaft, JurBüro 1982, 607 ff.
Münchener Kommentar: Zum Bürgerlichen Gesetzbuch, 2. Auflage, 1984-1989 hrsg. von Kurt Rebmann, Franz Jürgen Säcker,
Band 2, Schuldrecht Allgemeiner Teil, (§§ 241-432),
Red.: Dieter Roth, 1989
Band 3, Schuldrecht Besonderer Teil, 2. Halbband (§§ 652-853),
Red.: Peter Ulmer, 1986, 1.-3. Ex.
Band 6, Erbrecht (§§ 1922-2385, §§ 27-35 BeurkG),
Red.: Manfred Skibbe, 1989
(zitiert: MünchKomm.-BGB-Bearbeiter)

Münchener Kommentar: Zur Zivilprozeßordnung, mit Gerichtsverfassungsgesetz und Nebengesetzen, hrsg. von Gerhard Lüke, Alfred Walchshöfer,
Bd. 1-3 nebst Sonderh., München 1992
(zitiert: MünchKomm.-ZPO-Bearbeiter)

Münzberg, Wolfgang: Anmerkung zum BGH-Urteil vom 16.05.1988 – II ZR 375/87 (OLG Stuttgart), JZ 1989, 252 ff.

Münzel, Karl: Grundsätzliches zum Anwartschaftsrecht, MDR 1959, 345 ff.

Mugdan, Benno: Die gesamten Materialien zum Bürgerlichen Gesetzbuch für das Deutsche Reich,
– Bd. 2 Recht der Schuldverhältnisse
– Bd. 3 Sachenrecht
– Bd. 5 Erbrecht
Berlin 1899
(zitiert: Mugdan, Bd. S.)

Nörr, Knut Wolfgang, Scheyhing, Robert: Sukzessionen. Zession, Vertragsübernahme, Schuldübernahme, Schuldbeitritt, von Knut Wolfgang Nörr, Robert Scheyhing, Tübingen 1983
(zitiert: Nörr/Scheyhing, Sukzessionen, §, S.)

Oertmann, Paul: Rechtsbedingung, Leipzig 1924
(zitiert: Oertmann, Rechtsbedingung, S.)

Ohmeyer von, Kamillo: Verfügungen über künftige Rechte, zugleich ein Beitrag zur Theorie der künftigen Rechte, Diss. jur. Wien 1909
(zitiert: Ohmeyer, Diss., S.)

Pagenkopf, Martin: Zur Abtretung künftiger Forderungen, Diss. jur. Bonn 1978

Palandt, Otto: Bürgerliches Gesetzbuch, Kommentar, 52. Auflage, 1993
(zitiert: Palandt/Bearbeiter, §, Rdn.)

Paschke, Marian: Zwangsvollstreckung in den Anteil eines Gesellschafters am Gesellschaftsvermögen einer Personengesellschaft, Inauguraldissertation, Berlin 1981
(zitiert: Paschke, Diss., S.)

Philipp, Hans-Jürgen: Die künftige Forderung als Gegenstand des Rechtsverkehrs – dargestellt an ihrer Abtretbarkeit und Pfändbarkeit, Diss. jur. Hamburg 1965
(zitiert: Philipp, Diss., S.)

Planck, Gottlieb: Planck's Kommentar zum Bürgerlichen Gesetzbuch, 4. Aufl.: Allgemeiner Teil 1914; Einzelne Schuldverhältnisse 1928 (zitiert: Planck/Bearbeiter, Bd., § Anm.)

Protokolle der Kommission: Protokolle der Kommission für die zweite Lesung des Entwurfs des Bürgerlichen Gesetzbuchs. Im Auftrage des Reichs-Justizamts bearbeitet von Achilles u.a.
Bd. 1 – 7, Berlin 1897 – 1899
1. Allgemeiner Theil und Recht der Schuldverhältnisse, Abschn. I, Abschn. II, Tit. 1 1897
2. Recht der Schuldverhältnisse, Abschn. III, IV, Berlin 1898
(zitiert: Protokolle, Bd., S.)

Raddatz, Anselm: Die Nachlaßzugehörigkeit vererbter Personengesellschaftsanteile, Inauguraldissertation, Berlin 1991
(zitiert: Raddatz, Diss., S.)

Raisch, Peter: Unternehmensrecht.
1. Unternehmensprivatrecht, Handels- und Gesellschaftsrecht, 1973,
2. Aktien- und Konzernrecht, Mitbestimmung und Fusionskontrolle, Reinbek 1974

Raiser, Ludwig: Dingliche Anwartschaften, Tübingen 1961
(zitiert: Raiser, Dingliche Anwartschaften, S.)

Reinhardt, Rudolf (Begr.) s. Schultz, Dietrich: Gesellschaftsrecht, 2. Auflage, 1981
(zitiert: Reinhardt/Schultz, Gesellschaftsrecht, Rdn.)

RGRK: Das Bürgerliche Gesetzbuch mit besonderer Berücksichtigung der Rechtsprechung des Reichsgerichts und des Bundesgerichtshofes, Kommentar, 12. Auflage 1974-1989
(zitiert: RGRK-Bearbeiter, §, Rdn.)

Riedel, Hermann: Abtretung und Verpfändung von Forderungen und anderen Rechten. Eine Studie für Wissenschaft und Praxis, Wiesbaden, Stuttgart: Forkel 1982 (Schriften zur Arbeitsrecht-Blattei, Bd. 14)

Riegel, Alfred: Die vorweggenommene Sicherungsabtretung, Diss. jur. Köln 1938

Riegger, Bodo: Das Auseinandersetzungsguthaben in einer Personengesellschaft als Kreditsicherung, BB 1972, 115 ff.

Rittner, Fritz: Wirtschaftsrecht. Ein Lehrbuch. 2. völlig neu bearb. u. erw. Aufl., Heidelberg 1987
(zitiert: Rittner, Wirtschaftsrecht, S.)

Rupp, Wolfgang und Fleischmann, Guntram: Probleme bei der Pfändung von Gesellschaftsanteilen, Rpfleger 1984, 223 ff.
Rutkowsky, H.: Der Anwartschaftserwerb und seine Folgen, NJW 1957, 858 f.
Säcker, Franz Jürgen: Gesellschaftsvertragliche und erbrechtliche Nachfolge in Gesamthandsmitgliedschaften, Bad Homburg v.d.H. 1970
Schäfer, Hans-Bernd/Ott, Claus: Lehrbuch der ökonomischen Analyse des Zivilrechts, Berlin. Heidelberg, New York 1995
(zitiert: Schäfer/Ott, Lehrbuch der ökonomischen Analyse des Zivilrechts, S.)
Schilling, Wolfgang: Handelsgesetzbuch, Großkommentar, 3. Auflage 1967
(zitiert: Bearbeiter, in: Großkomm. HGB, §, Rdn.)
Schlegelberger, Franz: Handelsgesetzbuch, 4. Auflage 1963
–: Handelsgesetzbuch, 5. Auflage 1992
(zitiert: Schlegelberger-Bearbeiter, §, Rdn.)
Schmidt, Karsten: Gesellschaftsrecht, 2. Auflage 1991
(zitiert: Schmidt, Gesellschaftsrecht, §, S.)
–: Der unveräußerliche Gesamthandsanteil – ein Vollstreckungsgegenstand? JR 1977, 177 ff.
–: Handelsrecht, 4. neu bearb. Aufl., Köln, Berlin, Bonn, München 1994
(zitiert: Schmidt, Handelsrecht, §, S.)
Schönle, Herbert: Zur Haftung des oHG-Gesellschafters für Gesellschaftsverbindlichkeiten, NJW 1966, 1797 ff.
Scholz, Franz: Kommentar zum GmbH-Gesetz. Begründet von Scholz, bearb. von Crezelius, Emmerich, Priester, K. Schmidt, U.H. Schneider, Tiedemann, H.P. Westermann, Winter,
7. Aufl., Köln 1988 (Bd. II),
8. Aufl., Köln 1993 (Bd. I, §§ 1 – 44 u. Anh. Konzernrecht)
(zitiert: Scholz/Bearbeiter, GmbH, §, Rz.)
Schomaker: Aufrechnung des Schuldners bei verlängertem Eigentumsvorbehalt, BB 1969, 940 f.
Schultz, Dietrich: Fälle zum Handels- und Gesellschaftsrecht von Dietrich Schultz und Wolfram Timm,
2. vollst. neu bearb. Aufl., München 1992
1. Aufl. u.d.T.: Schultz, Dittrich: Fälle zum Handelsrecht,

3. Aufl. ersch. u.d.T.: Timm, Wolfram: Fälle zum Handels- und Gesellschaftsrecht
(zitiert: Schultz/Timm, Fälle ..., Fall Nr., S.)
Schulze-Osterloh, Joachim: Das Prinzip der gesamthänderischen Bindung, Diss. jur. 1972
(zitiert: Schulze-Osterloh, Prinzip der gesamthänderischen Bindung, S.)
–: Der gemeinsame Zweck der Personengesellschaft, 1973
(zitiert: Schulze-Osterloh, Gemeinsamer Zweck, S.)
Schweizerisches Privatrecht: Hrsg. von Max Gutzwiller, Hans Hinderling (u.a.), Basel und Stuttgart
(zitiert: Bearbeiter in Schweiz. Privatrecht VIII, S.)
Schwerdtner, Peter: Globalzession und verlängerter Eigentumsvorbehalt. Zugleich ein Beitrag zur Zulässigkeit von Vorausabtretungen, NJW 1974, 1785 ff.
Serick, Rolf: Eigentumsvorbehalt und Sicherungsübereignung Bd. I, Der einfache Eigentumsvorbehalt, Heidelberg 1963
(zitiert: Serick, Bd. I, §, S.)
–: Die Globalzession der Vorbehaltslieferanten: Ende oder Anfang? Kritische Bemerkungen zum BGH-Urteil v. 7.3.1974
–: Verlängerungs- und Erweiterungsformen des Eigentumsvorbehalts und der Sicherungsübereignung, Bd. IV, 1. Teil: Verlängerungsformen und Kollisionen, Heidelberg 1976
(zitiert: Serick, Bd. IV)
–: Aufrechnungsprobleme bei sicherungsrechtlichen Vorausabtretungen (§§ 406, 404 BGB und §§ 53 ff. KO), BB 1982, 873 ff.
Siebert, Wolfgang: Nießbrauch am Gewinnrecht des Gesellschafters einer offenen Handelsgesellschaft, BB 1956, 1126
–: Gesellschaftsvertrag und Erbrecht bei der offenen Handelsgesellschaft, 3. Auflage, Karlsruhe 1958
(zitiert: Siebert, Gesellschaftsvertrag und Erbrecht, S.)
–: Das rechtsgeschäftliche Treuhandverhältnis. Ein dogmatischer und rechtsvergleichender Beitrag zum allgemeinen Treuhandproblem, Marburg 1993
(zitiert: Siebert, Das rechtsgeschäftliche Treuhandverhältnis, S.)

Siegmann, Matthias: Personengesellschaftsanteil und Erbrecht. Ein Beitrag zu Grundlagen und Einzelfragen des Rechts der Anteilsvererbung, Berlin 1992
(zitiert: Siegmann, Diss., S.)

Sigler, Willy: Die Abtretbarkeit des Anspruchs des Miterben auf das Auseinandersetzungsguthaben, MDR 1964, 372 f.

Smid, Stefan: Probleme der Pfändung von Anteilen an Personengesellschaften (§ 859 I ZPO). Gesamthänderische Bindung und Zwangsvollstreckung, JuS 1988, 613 ff.

Soergel, Hans-Thomas: Bürgerliches Gesetzbuch mit Einführungsgesetz und Nebengesetzen, 12. Aufl. 1988
(zitiert: Soergel-Bearbeiter, §, Rdn.)

Soergel/Siebert: Kommentar zum BGB, 10. Aufl., 1967 ff.; Bd. 1, 11. Aufl., 1978

Sohm: Der Gegenstand, 1905

Spiritus, Thomas: Haftungsbeeinflussende Nachlaßteilung zugleich mit erbrechtlicher Nachfolge in eine Personengesellschaft? Diss. jur. Bern, Frankfurt 1974

Staub, Hermann: (Begr.) Handelsgesetzbuch. Großkommentar, Lfg. 1, 1983, IV. Auflage
(zitiert: Staub-Bearbeiter, §, Anm.)

Staudinger, Julius: Kommentar zum Bürgerlichen Gesetzbuch, 12. Aufl., Berlin 1980
(zitiert: Staudinger-Bearbeiter, §, Rdn.)

Stein, Friedrich und Jonas, Martin: Kommentar zur ZPO, 21. Aufl. 1993, bearb. von den Verfassern der 20. Aufl. sowie von Bork, Brehm und Roth

–: Zivilprozeßordnung, 4. Bd., Teilband 1 (§§ 704-882 a), 20. Aufl., Tübingen 1986 (zitiert: Stein/Jonas/Münzberg, §, Anm.)

Stern, Klaus: Bd. 3, 1. Allgemeine Lehren der Grundrechte. Grundlagen und Geschichte, nationaler und internationaler Grundrechtskonstitutionalismus, juristische Bedeutung der Grundrechte, Grundrechtsberechtigte, Grundrechtsverpflichtete, unter Mitwirkung von Michael Sachs, 1988
(zitiert: Stern, Das Staatsrecht der BRD, Bd. III 1, §)

Stodolkowitz, Heinz Dieter: Nachlaßzugehörigkeit von Personengesellschaftsanteilen, in: ZGR Sonderheft 10, 439, Festschrift für Alfred Kellermann zum 70. Geburtstag
(zitiert: Stodolkowitz, in: Kellermann-FS, S.)

Stöber, Kurt: Forderungspfändung, 8. Aufl. Bielefeld 1987
(zitiert: Stöber, Forderungspfändung, Rdn.)

Stötter, Viktor: Die Nachfolge in Anteile an Personengesellschaften auf Grund Gesellschaftsvertrages oder Erbrechts, DB 1970, 528 f.

Sudhoff, Heinrich: Der Gesellschaftsvertrag der Personengesellschaften. Der Vertrag der offenen Handelsgesellschaft, bürgerlich-rechtlichen Gesellschaft, Unterbeteiligungsgesellschaft und stillen Gesellschaft. Systematischer Kommentar mit Formular- und Texthandbuch. Von Heinrich Sudhoff unter Mitarbeit von Martin Sudhoff. 6., als Texthandbuch erw. Auflage, München: Beck 1985

Süß, Georg: Die Abtretung künftiger Ansprüche, Diss. jur., Erlangen 1910

Teichmann, Arndt: Gestaltungsfreiheit in Gesellschaftsverträgen. München 1970

–: Der Nießbrauch an Gesellschaftsanteilen – gesellschaftsrechtlicher Teil –, ZGR 1972, 1 ff.

Tettinger, Peter J.: Einführung in die juristische Arbeitstechnik unter besonderer Berücksichtigung öffentlich-rechtlicher Fragestellungen, München 1992

Thomas, Heinz: Zivilprozeßordnung mit Gerichtsverfassungsgesetz und den Einführungsgesetzen, erl. von Heinz Thomas, Hans Putzo, 19. neu bearb. Aufl., München 1995
(zitiert: Thomas/Putzo, §, Anm.)

Thur, A. von: Verfügung über künftige Forderungen, DJZ 1904, 426

–: Der Allgemeine Teil des Deutschen Bürgerlichen Rechts, Leipzig,
Bd. I, 1910;
Bd. II 1, 1914,
Bd. II 2, 1918
(zitiert: v. Thur, AT, Bd., §, S.)

Uhlenbruck, Wilhelm und Sinz, Ralf: Die Forfaitierung von Leasingforderungen im Konkurs des Leasinggebers, WM 1989, 1113 ff.

Ullrich, Erhard und Irmen, Detlef: Wirksamkeit der Abtretung von Miet-/Leasingforderungen im Konkurs des Vermieters/Leasinggebers, OLG Düsseldorf vom 24.11. 1988, 10 U 34/88, WuB VI B, 921 KO 1.89 (Urteilsanmerkung)

Ulmer, Peter: Gesellschafternachfolge und Erbrecht, ZGR 1972, 195, 324. Die Sonderzuordnung des vererbten oHG-Anteils – Zum Einfluß von Testamentsvollstreckung, Nachlaßverwaltung und Nachlaßkonkurs auf die Gesellschaftsbeteiligung, in: Gesellschaftsrecht und Unternehmensrecht, Festschrift für Wolfgang Schilling, Berlin, New York 1973, 79 ff.
(zitiert: Ulmer, in: Schilling-FS, S.)

–: Nachlaßzugehörigkeit vererbter Personengesellschaftsbeteiligungen, NJW 1984, 1496 f.

–: Probleme der Vererbung von Personengesellschaftsanteilen, BGH, NJW 1986, 2431, JuS 86, 856 ff.

–: Anmerkung zu BGH, Urt. vom 25.05.1987 (JZ 1987, 880), JZ 1987, 881

–: Zur Bedeutung des gesellschaftsrechtlichen Abspaltungsverbots für den Nießbrauch am oHG (KG-) -Anteil, Festschrift für Hans-Joachim Fleck, 1988, 383 ff.
(zitiert: Ulmer, in: Fleck-FS, S.)

Ulmer/Schäfer: Die Zugriffsmöglichkeiten der Nachlaß- und Privatgläubiger auf den durch Sondervererbung übergegangenen Anteil an einer Personengesellschaft, ZHR 160 (1996), 413 ff.

Vortmann, Jürgen: Die Leasingrate als Sicherheit für Kredite an den Leasinggeber, WM 1988, 1117 ff.

Vossius, Oliver: Sicherungsgeschäfte bei der Übertragung von Gesellschaftsanteilen, BB 1988, Sonderbeilage 5 zu Heft 13, 1 ff.

Wacke, Andreas: Das Besitzkonstitut als Übergabesurrogat in der Rechtsgeschichte und Rechtsdogmatik, 1974, 43 ff.

–: Wer zuerst kommt, mahlt zuerst – prior tempore, potior iure, JA 1981, 94 f.

Walz, Rainer W.: Sachenrechtliches Systemdenken im Wandel – Die ökonomischen Determinanten des Verfügungstatbestandes, KritV 1990, 374 ff.

Wernicke, Konrad: Der Konkurs des Gesellschafters einer vermögenslosen BGB-Gesellschaft, WM 1981, 862

Westermann, Harm-Peter und Mitarbeiter: Handbuch der Personengesellschaften, Loseblattausgabe 1975
(zitiert: H.P. Westermann, Handbuch der Personengesellschaften)
Westermann, Harm-Peter: Die höchstrichterliche Regelung der Erbfolge in Beteiligungen an Personengesellschaften, JuS 1979, 761 ff.
–: Sachenrecht, Bd. I, Grundlagen und Recht der beweglichen Sachen, 6. Aufl. 1990, (Bearbeiter: H.P. Westermann, Grusky, Pinger)
Westermann, Harry: Lehrbuch des Sachenrechts, Karlsruhe, 5. Aufl. 1966
(zitiert: H. Westermann, Sachenrecht, S.)
Westhoff, Regina: Vorausabtretungen und Konkurs, Diss., Bonn 1991
(zitiert: Westhoff, Diss., S.)
Wieczorek, Bernhard: Zivilprozeßordnung und Nebengesetze. Aufgrund der Rechtsprechung kommentiert, 2. neu bearb. Auflage, Bd. 1-6, Berlin, New York 1976-1989 (Großkommentare der Praxis)
–: Bd. 4, fortgeführt von Georg F. Rössler, Rolf A. Schütze: §§ 704-1048, 1981
–: Zivilprozeßordnung,
Bd. IV, Teil 1 (§§ 704-863), 1. Aufl., 1958;
Bd. IV, 2. Aufl. 1981 (zitiert: Wieczorek, §, Anm.)
Wiedemann, Herbert: Die Übertragung und Vererbung von Mitgliedschaftsrechten bei Handelsgesellschaften, München, Berlin 1965
(zitiert: Wiedemann, Übertragung, S.)
–: Juristische Person und Gesamthand als Sondervermögen, WM 1975, Sonderbeilage Nr. 4, 1 ff.
–: BGH-Urteil v. 10.02.1977 – II ZR 120/75 (OLG Düsseldorf), JZ 1977, 685 ff.
–: Gesellschaftsrecht. Ein Lehrbuch des Unternehmens- und Verbandsrechts, Bd. 1, München: Beck 1980
Wieland, Karl: Handelsrecht, Erster Band, Das kaufmännische Unternehmen und die Handelsgesellschaften, 1921
(zitiert: Wieland, Handelsrecht, Bd. I, S.)
Windscheid, Bernhard: Windscheid-Kipp: Lehrbuch des Pandektenrechts, 9. Aufl., Frankfurt 1906
Wolff, Martin/Raiser, Ludwig: Lehrbuch des Bürgerlichen Rechts, begründet von Enneccerus, Kipp, Wolff, Bd. 3, Sachenrecht, 10. Bearbeitung, Tübingen 1957

Würdinger, Hans u. Mitarbeiter: Handelsgesetzbuch, Großkommentar, 3. Auflage, Bd. 1, 1967

Würdinger, Hans: Die privatrechtliche Anwartschaft als Rechtsbegriff, Diss. München 1928
(zitiert: Würdinger, Anwartschaft, S.)

–: Das Recht der Personengesellschaften, Teil 1, 1939

Wunschel, H.W.: Die Krise des verlängerten Eigentumsvorbehalts, NJW 1959, 653 ff.

Zimmer, Georg-Wilhelm: Zwangsvollstreckung gegen den Gesellschafter einer Personengesellschaft, Inauguraldissertation, Bochum 1978
(zitiert: G.W. Zimmer, Diss.)

Zöller, Richard: (Begr.) Zivilprozeßordnung, 19. Aufl. 1995
(zitiert: Zöller-Bearbeiter, §, Anm.)